Vorwort

Die vorliegenden Arbeitsblätter stellen eine Ergänzung zum Lehrbuch **„Lernfeld Bautechnik, Maurer Fachstufen“** dar.

Sie können im Unterricht zur **Lernwiederholung**, zur **Lernerfolgssicherung** oder als **Arbeitsmittel** für **Einzel-**, **Partner-** und **Gruppenarbeiten** eingesetzt werden. Außerdem leisten die Arbeitsblätter einen Beitrag zur **Strukturierung** und **Veranschaulichung** des Lehrstoffs.

Die Arbeitsaufträge in den Arbeitsblättern besitzen einen starken **Aufforderungscharakter**, sie machen die Schülerinnen und Schüler neugierig und sind (in Verbindung mit dem Lehrbuch) für die Mehrheit der Schülerinnen und Schüler **selbstständig lösbar**. Dadurch sind sie auch sehr gut geeignet für das **selbstständige Lernen**.

Die Verfasser wünschen viel Freude bei der Bearbeitung.

Mit diesem Symbol gekennzeichnete Arbeitsaufträge eignen sich besonders gut für eine Partnerarbeit.

Mit diesem Symbol gekennzeichnete Arbeitsaufträge eignen sich besonders gut für eine Gruppenarbeit.

ISBN 978-3-582-72989-7
Best.-Nr. 35226
Schülerausgabe – 2. Auflage

ISBN 978-3-582-98139-4
Best.-Nr. 35227
Lehrerausgabe mit Lösungen – II/2. Auflage

Verlag Handwerk und Technik GmbH,
Lademannbogen 135, 22339 Hamburg; Postfach 63 05 00, 22331 Hamburg – 2020
E-Mail: info@handwerk-technik.de – Internet: www.handwerk-technik.de

Satz und Layout: CMS – Cross Media Solutions GmbH, 97082 Würzburg
Druck: RCOM Print GmbH – Büro Würzburg, Würzburg-Rimpar

7 Mauern einer einschaligen Wand

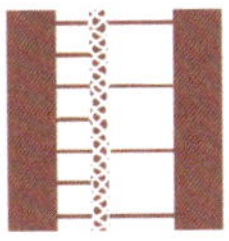

8 Mauern einer zweischaligen Wand

9 Herstellen einer Massivdecke

10 Putzen einer Wand

11 Herstellen einer Wand in Trockenbauweise

Die Lernfelder

12 Herstellen von Estrich

13 Herstellen einer geraden Treppe

14 Überdecken einer Öffnung mit einem Bogen

15 Herstellen einer Natursteinmauer

16 Mauern besonderer Bauteile

17 Instandsetzen und Sanieren eines Bauteils

Genormte Steine	7 Mauern einer einschaligen Wand

Informieren Sie sich im Lehrbuch, Abschnitt 7.1.

Benennen Sie die Abkürzungen der verschiedenen Kalksandsteinarten.

KS	Kalksandvollstein
KS L	Kalksandlochstein
KS Vm	Kalksandvormauerstein
KS Vb	Kalksandverblender
KS – P	Kalksandplanstein
KS – PE	Kalksandplanelement

Erklären Sie, was sich hinter folgender Bezeichnung verbirgt:

DIN 20000-402 – KSL – 12 – 1,2 – 12 DF (240)

Deutsche Industrienorm | Bezeichnung | 12 MPa (N/mm²) | Rohdichte | Format

Benennen Sie die Abkürzungen der verschiedenen Mauerziegelarten.

Mz	Vollziegel
HLz	Hochlochziegel
VMz	Vormauerziegel
VHLz	Vormauerhochlochziegel
KMz	Vollklinker
KHLz	Hochlochklinker

Erklären Sie, was sich hinter folgender Bezeichnung verbirgt:

DIN 20000-401 – HLz A – 20 – 1,2 – 3 DF

Deutsche Industrienorm | Bezeichnung | 20 MPa (N/mm²) | Rohdichte | Format

Benennen Sie die Abkürzungen der verschiedenen Porenbetonprodukte.

PP	Porenbetonplanstein
PE	Porenbetonplanelement

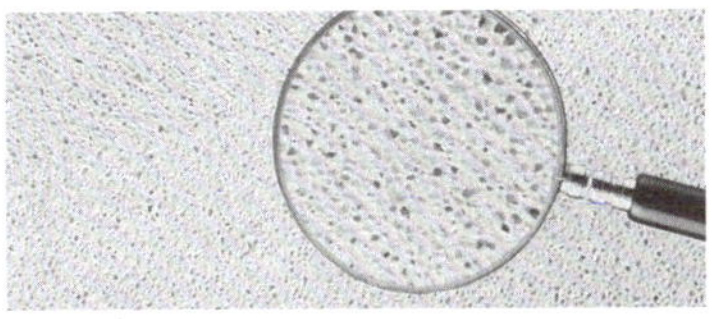

Erklären Sie, was sich hinter folgender Bezeichnung verbirgt:

DIN 20000-404 – PP2 – 0,5 – 490 × 240 × 190

Deutsche Industrienorm | Bezeichnung | Festigkeitsklasse 2 | Rohdichte | Format

Benennen Sie die Abkürzungen der verschiedenen Leichtbetonsteine.

HBL	Hohlblockstein
V	Vollstein
VBL	Vollblöcke

Erklären Sie, was sich hinter folgender Bezeichnung verbirgt:

DIN 20000-403 – V6 – 1,2 – 3 DF

Deutsche Industrienorm | Bezeichnung | 6 MPa (N/mm²) | Rohdichte | Format

Name:	Klasse:	Datum:

7 Mauern einer einschaligen Wand

Mauermörtel

Informieren Sie sich im Lehrbuch, Abschnitt 7.2.

Unterscheiden Sie Mauermörtel nach Art der Herstellung.

Werk-Trockenmörtel

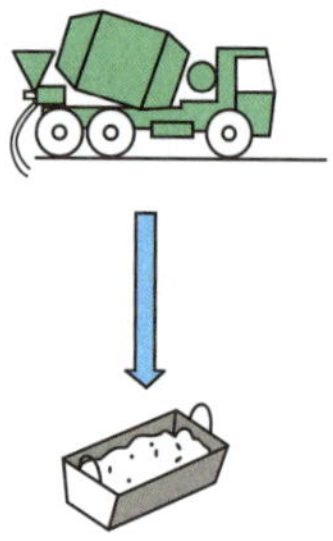

Werk-Frischmörtel

Baustellenmörtel

Welche Mauermörtelarten können nach Art der Herstellung benannt werden?

Leichtmauermörtel Dünnbettmörtel	Leichtmauermörtel	Normalmauermörtel

Beschreiben Sie die Unterschiede zwischen den Mauermörtelarten.

Leichtmauermörtel: porige Zuschläge, für hoch dämmende Steine, keine Sandzugabe
Dünnbettmörtel: für maßgenaue Steine, Fugendicke sehr gering
Normalmauermörtel: für die erste Lage (Ausgleichsfuge), für Sichtmauerwerk

Wie verändert sich mit der Zunahme von Zement und gleichzeitiger Abnahme von Kalk die Eigenschaft des Mörtels?

Tragen Sie die richtige Bezeichnung ein
(elastischer - steifer - druckfester - größer - kleiner - poröser).

Mit der Zunahme von Zement und der Abnahme von Kalk wird der Mörtel druckfester

Mit der Zunahme von Kalk und der Abnahme von Zement wird der Mörtel elastischer

Ordnen Sie den Mörtelgruppen/-klassen eine typische Verwendung zu.

I/M 1	II/M 2,5	IIa/M 5	III/M 10	IIIa/M 20
Kalkmörtel	Kalkzementmörtel	Kalkzementmörtel	Zementmörtel	Zementmörtel
für Wände min. 24 cm breit, max. zwei Geschosse	verwendbar für alle Mauerwerkswände, außer für bewehrtes Mauerwerk	verwendbar wie Mörtelgruppe II/Mörtelklasse M 2,5, nur für höhere Belastungen geeignet	für Gewölbe und bewehrtes Mauerwerk	wie Mörtelgruppe III/Mörtelklasse M 10, nur für sehr hohe Belastungen wie für Pfeiler etc.

Name: ______ Klasse: ______ Datum: ______

Informieren Sie sich im Lehrbuch, Abschnitt 7.8.

Beschreiben Sie den Unterschied zwischen einem Arbeitsgerüst und einem Schutzgerüst.

Arbeitsgerüst: Das Arbeitsgerüst dient zur Ausführung von Bauarbeiten und zum Lagern von Maschinen und Material.

Schutzgerüst: Schutzgerüste werden unterschieden in Fang- oder Dachfanggerüste und dienen dem Schutz von Personen vor dem Absturz oder als Schutzdächer zum Schutz von Personen vor herabfallenden Gegenständen.

Gerüstbauarten werden nach dem Tragsystem und der Ausführungsart unterschieden.
Bezeichnen Sie die Bilder entsprechend.

Auslegergerüst

Konsolgerüst

Rahmengerüst

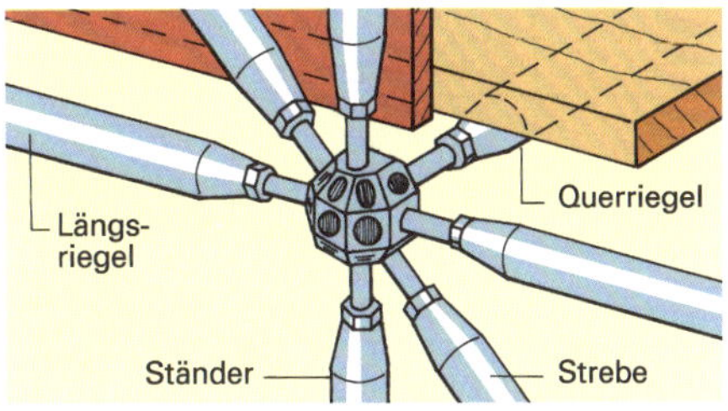

Stahlrohrkupplungsgerüst

Kreuzen Sie die jeweils richtige Antwort an.

richtig	falsch	
☒	○	Jedes Gerüst ist vor Betreten auf seine Standsicherheit zu überprüfen.
○	☒	Auf den Gerüsten der Lastklassen 4 ... 6 dürfen keine Materialien und Werkzeuge gelagert werden.
☒	○	Auf Gerüsten muss konzentriert und ruhig gearbeitet werden. Hektik ist zu vermeiden.
☒	○	Nur absolut schwindelfreie Personen dürfen Gerüste betreten.
○	☒	Alkohol darf auf Gerüsten nur in geringen Mengen konsumiert werden.
☒	○	Vorsicht ist keine Feigheit und Leichtsinn kein Mut

Name: ______ Klasse: ______ Datum: ______

7 Mauern einer einschaligen Wand

Gerüste II

Informieren Sie sich im Lehrbuch, Abschnitt 7.8.

Gerüste müssen ausgesteift werden, um die Lasten sicher ableiten zu können. Dies geschieht durch:

– Diagonalen

– Rahmen

– Verankerungen

Zeichnen Sie in die nachfolgende Abbildung die fachgerechte Verstrebung ein.

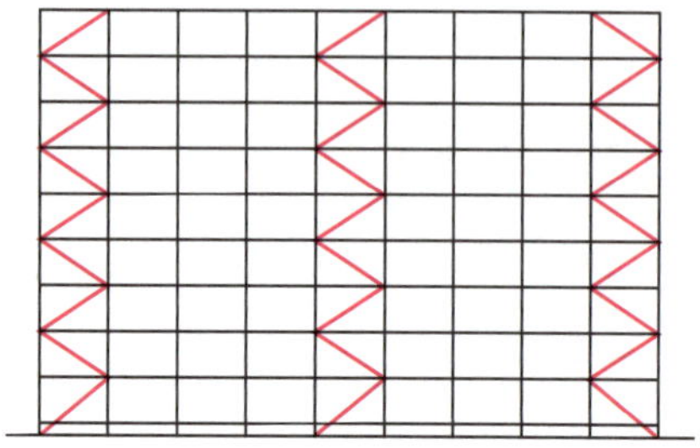

Arbeitsgerüste sind in sechs Lastklassen eingeteilt. Ordnen Sie folgende Begriffe den Lastklassen zu: *Malerarbeiten, Mauerarbeiten für normales Mauerwerk, Putzarbeiten, Kontrollarbeiten, Betonierarbeiten mit starker Gerüstbeanspruchung*

Lastklasse 1 Kontrollarbeiten

Lastklasse 2 Malerarbeiten

Lastklasse 3 Putzarbeiten

Lastklasse 4 Mauerarbeiten für normales Mauerwerk

Lastklassen 5 + 6 Betonierarbeiten mit starker Gerüstbeanspruchung

Bringen Sie die Bilder in die richtige Reihenfolge.

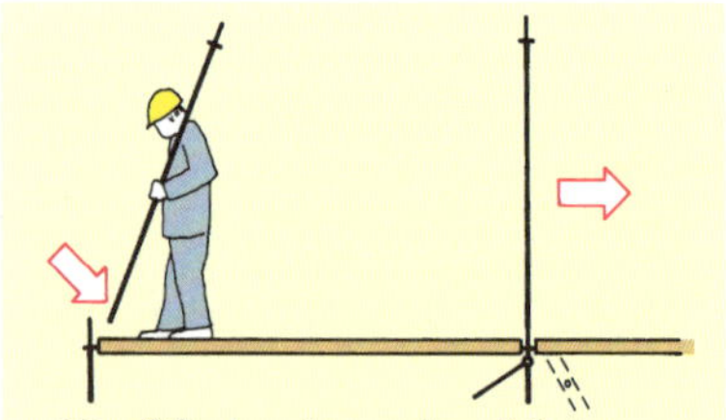

(3) Ständerrahmen der nächsten Gerüstlage aufstellen

(2) Rahmentafeln einhängen

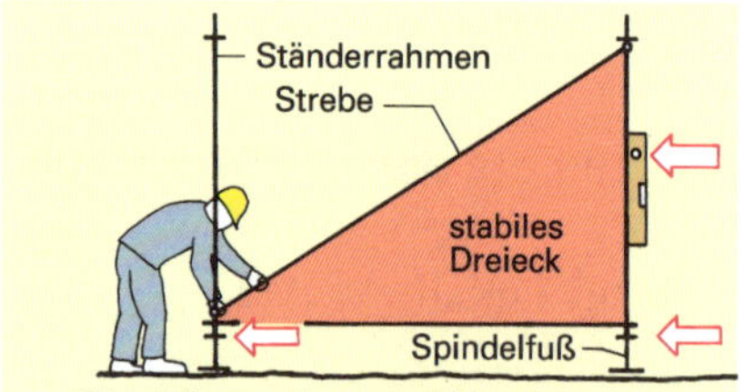

(1) Ständerrahmen auf Spindeln ausrichten, verstreben

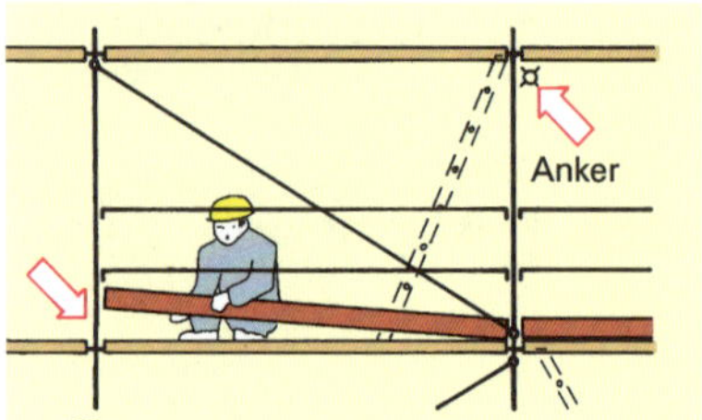

(6) Seitenschutz einstecken, Verankerung anbringen

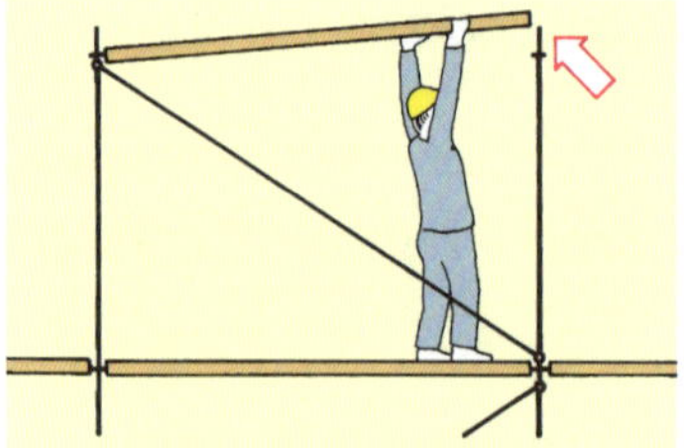

(5) Rahmentafeln einhängen

(4) Ständerrahmen verstreben

Name: ____________ Klasse: ____________ Datum: ____________

7 Mauern einer einschaligen Wand

Informieren Sie sich im Lehrbuch, Abschnitt 7.9.

Berechnen Sie den Bedarf an Mauersteinen und Mörtel für die Außenwand (Hochlochziegel 6 DF) der Garage.

$A_{①+②}$ =

(2,75 m + 3,25 m)/2 · 5,51 m · 2 = **33,06 m²**

$A_{③}$ = 2,75 m · 9,24 m = **25,41 m²**

$A_{④}$ = (3,25 m · 9,24 m) –

(2,76 m · 2,3 m) – (4,76 m · 2,3 m)

= **12,734 m²**

A_{Gesamt} = **71,204 m²**

Tabelle, Buch Seite 48

Steine: 71,204 m² · 22 Stück = **1567 Stück**

Mörtel: 71,204 m² · 26 Liter = **185,3 Liter**

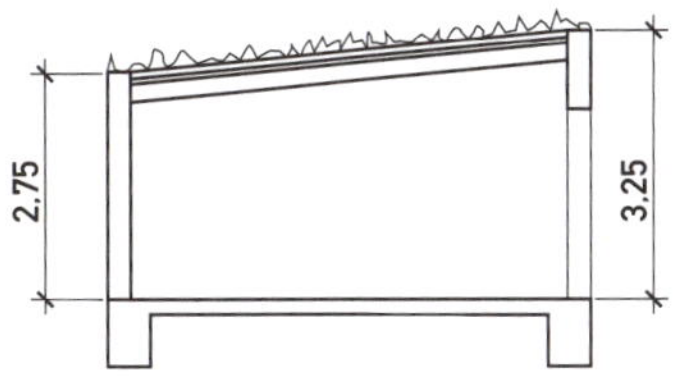

SCHNITT GARAGE

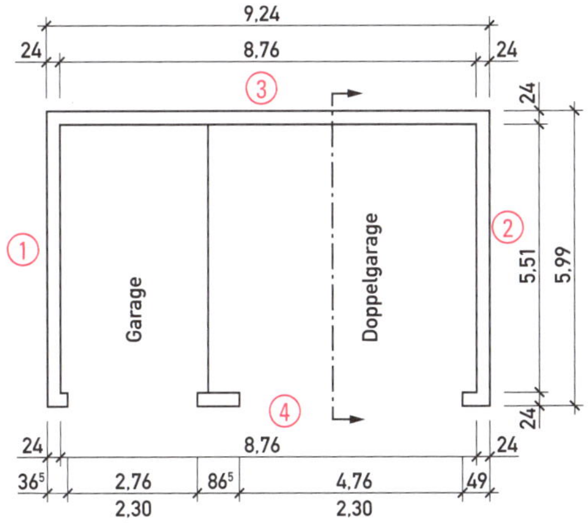

GRUNDRISS

Berechnen Sie, welche Zeit Sie für die Errichtung der Außenwand benötigen, wenn Sie Mauerwerk aus großformatigen Steinen verwenden (für 24er- und 30er-Mauerwerk gelten dieselben Werte).

71,204 m² · 0,58 h/m² = **41,3 h**

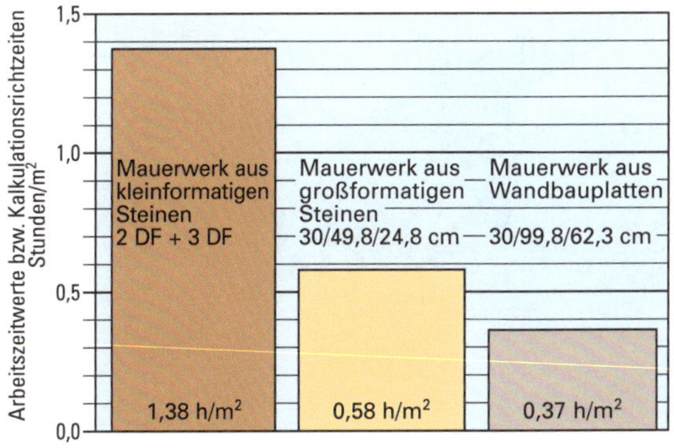

Name: ______ Klasse: ______ Datum: ______

Informieren Sie sich im Lehrbuch, Abschnitt 7.10.

Nennen Sie Beispiele für bahnenförmige und flüssig zu verarbeitende Abdichtungsstoffe.

Bahnenförmige Abdichtungsstoffe	Flüssig zu verarbeitende Abdichtungsstoffe
– Bitumen- und Polymerbitumenbahnen	– Kunststoffmodifizierte Bitumen-dickbeschichtungen (PMBC)
– Kunststoff- und Elastomerbahnen	– Asphaltmastix
	– Gussasphalt
	– Mineralische Dichtungsschlämmen (MDS)

Beschriften Sie die Isometrie.

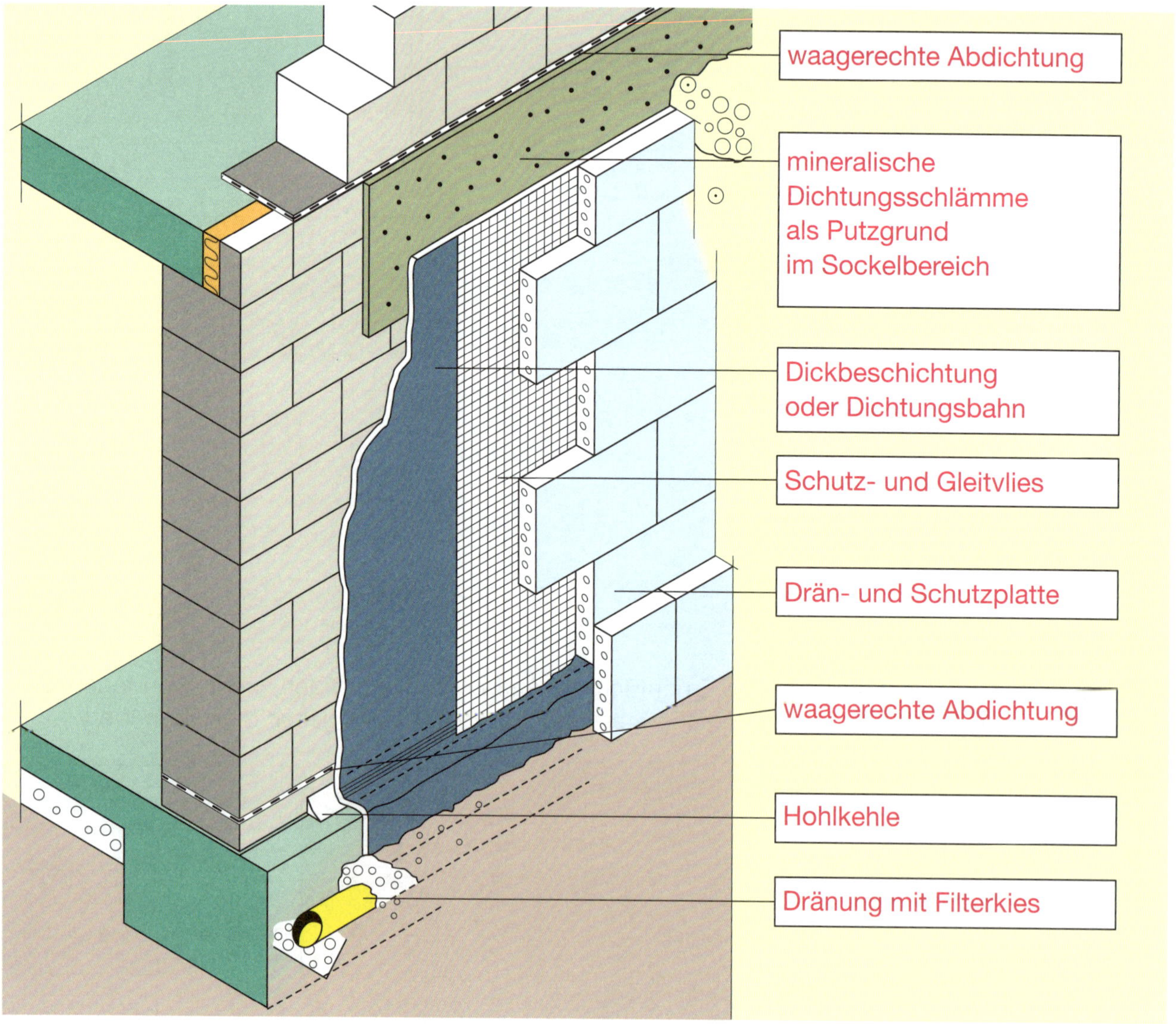

Name: Klasse: Datum:

8 Mauern einer zweischaligen Wand

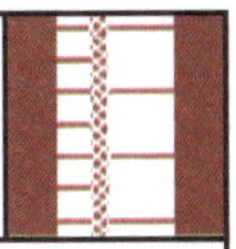

Informieren Sie sich im Lehrbuch, Abschnitt 8.1.

Zweischaliges Mauerwerk hat, neben der gestalterischen Aufgabe, insbesondere den Anforderungen von Außenwänden Rechnung zu tragen. Erläutern Sie in Stichworten die Anforderungen von zweischaligem Mauerwerk.

Anforderung: Witterungsschutz

Begründung: Schutz vor:
- Wind
- Feuchtigkeit
- Temperaturgegensätze

Anforderung: Wärmeschutz

Begründung: Gute Wärmedämmung durch:
- Mauerwerk mit geringerer Dichte
- Mauerwerk mit Vollwärmeschutz

Anforderung: Schallschutz

Begründung: Schutz vor:
- Verkehrslärm
- Gewerbelärm
- Fluglärm

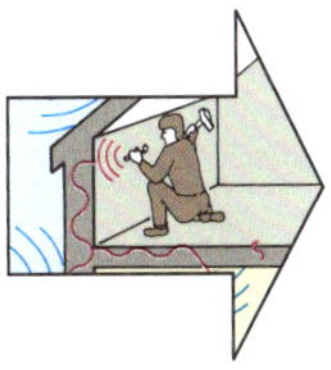

Anforderung: Tragfähigkeit

Begründung: Abtragung/Aufnahme von:
- Dachlasten
- Deckenlasten
- Windkräften
- Schneelasten
- Nutzlasten

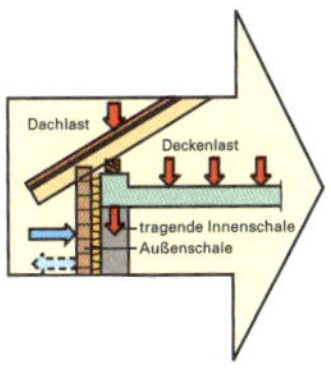

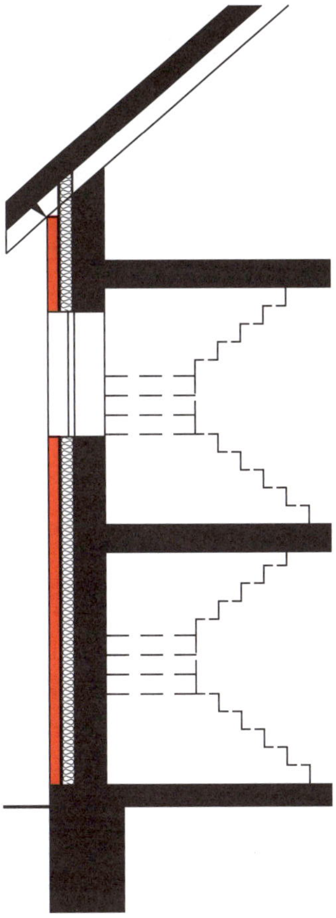

Wie hoch ist das Schalldämmmaß bei einer 24er-Wand aus Porenbeton mit einer Rohdichte von 0,53 kg/dm³ und einer biegesteifen Schale aus Klinker mit einer Rohdichte von 2,2 kg/m³?

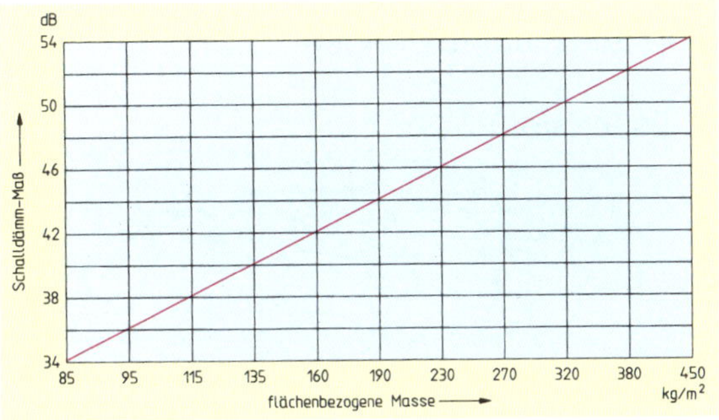

24er-Wand: $1\ m^2 \triangleq 0{,}24\ m^3$

$0{,}24\ m^3 \cdot 530\ kg/m^3 = 127{,}2\ kg/m^2$

Schale: $1\ m^2 \triangleq 0{,}115\ m^3$

$0{,}115\ m^3 \cdot 2200\ kg/m^3 = 253\ kg/m^2$

$127{,}2\ kg/m^3 + 253\ kg/m^3 = 380{,}2\ kg/m^3 \rightarrow$ **52 dB**

Wie hoch wäre hier die Wärmeleitfähigkeit?

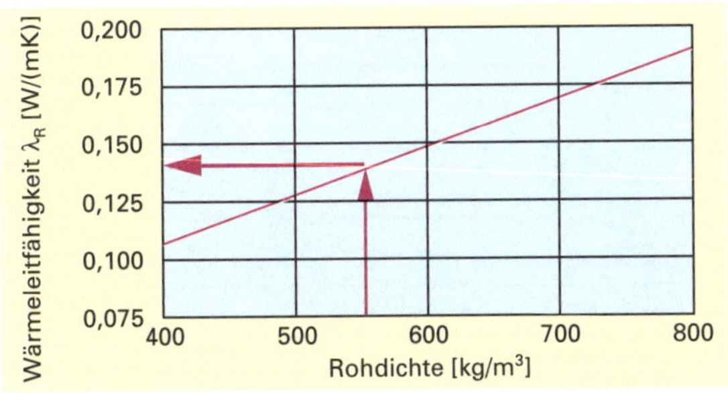

$= 530 \cdot 0{,}125/500 = 0{,}1325$

Die Wärmeleitfähigkeit beträgt 0,1325 W/mk

Name: ______ Klasse: ______ Datum: ______

8 Mauern einer zweischaligen Wand

Arten

Informieren Sie sich im Lehrbuch, Abschnitt 8.2.

Arten

Welche Arten von zweischaligem Mauerwerk gibt es?

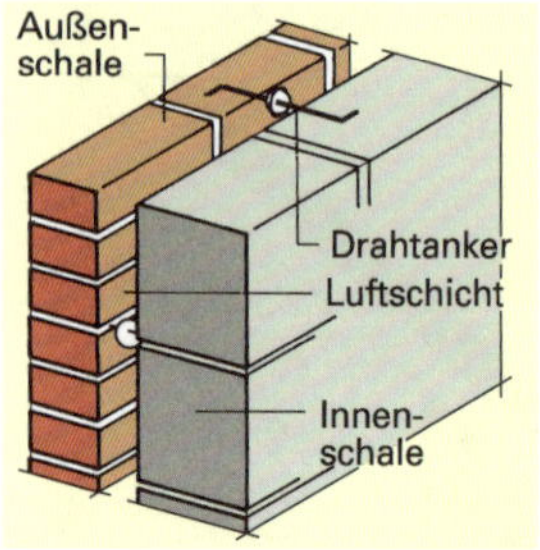

zweischalige Außenwand mit Luftschicht

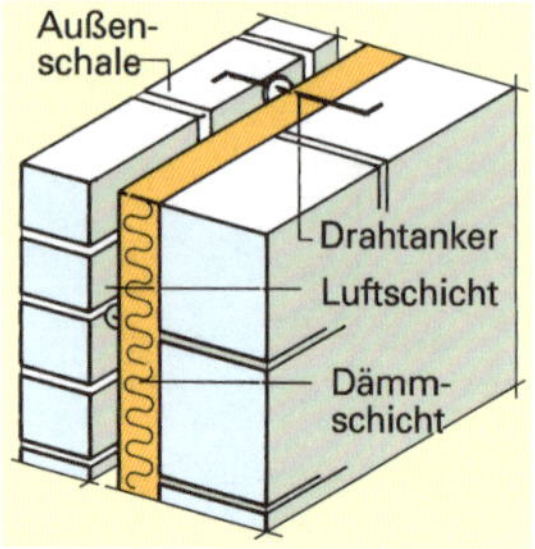

mit Luftschicht und Wärme-dämmschicht

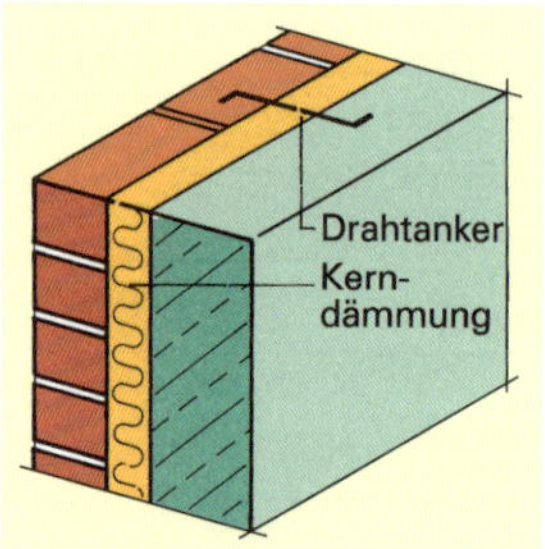

zweischalige Außenwand mit Kerndämmung

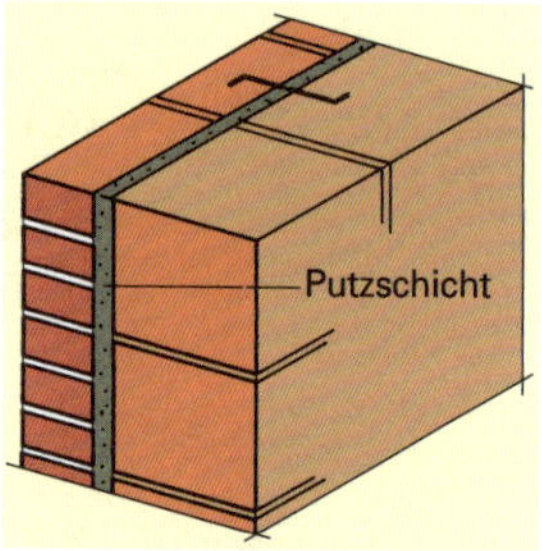

zweischalige Außenwand mit Putzschicht

Allgemeine Regeln

Ergänzen Sie den Text.

Bei zweischaligem Mauerwerk ist die Außenschale nicht tragend.

Die Außenschale ist in der Regel 11,5 cm dick.

Außenschalen, die dünner als 9 cm sind, werden als Bekleidung bezeichnet.

Ist die Außenschale nicht höher als zwei Geschosse, darf sie zu einem Drittel ihrer Dicke hervorstehen.

Die beiden Mauerwerksschalen werden auf jedem m² durch mindestens 5 Drahtanker verbunden.

Die Drahtanker müssen mindestens 3 mm dick sein und sind aus nicht rostendem Stahl.

Die Innenschale, die Geschossdecken und der Fußpunkt müssen vor Feuchtigkeit geschützt werden.

Tragen Sie in die nebenstehende Skizze die Verankerungspunkte ein. Die Verblendung besteht aus Dünnformatsteinen.

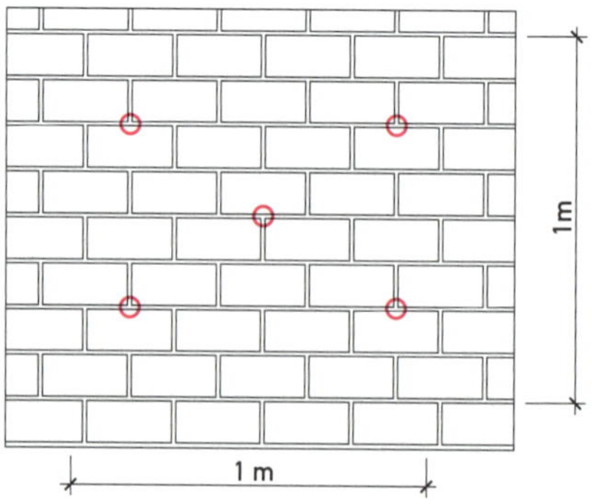

Zweischaliges Mauerwerk mit Luftschicht

Die Luftschichten beim zweischaligen Mauerwerk haben folgende Aufgaben:

1. Kondenswasser der Außenluft zuzuführen
2. eindringende Feuchtigkeit der Außenluft wieder zuzuführen
3. die Verbesserung des Luftschallschutzes durch die Trennung der zwei Schalen
4. Die Wärmedämmung wird trotz Hinterlüftung etwas verbessert.

Name: ____________ Klasse: ____________ Datum: ____________

Fugen/ Verbände	8 Mauern einer zweischaligen Wand

Informieren Sie sich im Lehrbuch, Abschnitt 8.3.

Fugen

Nennen Sie zwei Verfahren für das Verfugen von Verblendmauerwerk.

1. vollfugiges Vermauern
2. nachträgliches Verfugen

Ordnen Sie folgende Arbeitsschritte in richtiger Reihenfolge.

vornässen bis zur Wassersättigung [4]

Verblendflächen trocken vorreinigen [2]

verfugen [5]

reinigen mit Wasser, abbürsten mit Wurzelbürste [3]

grobe Verschmutzungen mit Kelle, Spachtel oder Holzbrettchen entfernen [1]

Welche Voraussetzungen müssen beim nachträglichen Verfugen beachtet werden?

- Fugenmörtel soll plastisch sein
- kein zu trockenes Wetter
- keine zu starke Sonnenstrahlung
- kein Wind
- optimal sind Tage mit hoher Luftfeuchtigkeit und geringer Luftbewegung

Die Außenschale von zweischaligen Wänden ist unter anderem starken Temperaturschwankungen ausgesetzt. Dies verursacht beachtliche Bewegungen in der Fassade. Um diese Bewegungen aufzunehmen, werden sogenannte Bewegungsfugen angeordnet.

Wie stark die Bewegung in der Fassade ist, hängt von verschiedenen Faktoren ab. Nennen Sie drei dieser Faktoren.

1. klimatische Bedingungen
2. Himmelsrichtung
3. Farbe der Vorsatzschale (Verblendung)

Verbände

Ordnen Sie den Bildern die Bezeichnungen zu.
Märkischer Verband, Wilder Verband, Läuferverband, Gotischer Verband.

Wilder Verband

Märkischer Verband

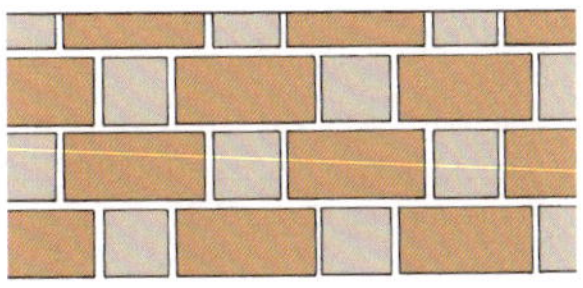
Gotischer Verband

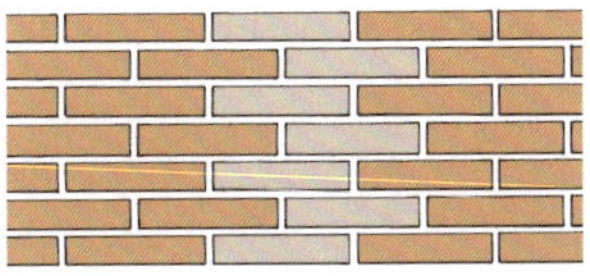
Läuferverband

Name:	Klasse:	Datum:

Informieren Sie sich im Lehrbuch, Abschnitt 8.4.

Auf dem Grundstück unseres Jugendhauses wird ein kleines Hausmeisterhäuschen erstellt. Die Außenwände sollen zweischaliges Mauerwerk mit Dämmung und Luftschicht erhalten. Das Mauerwerk der Innenschale besteht aus Wandbauplatten im Format 24 × 99,8 × 49,8 cm und wird im Dünnbettverfahren erstellt. Die Außenschale besteht aus 11,5er-Vormauerziegeln im Normalformat. Die Befestigung der Vorsatzschale erfolgt mit 5 Drahtankern pro m^2.
Als Dämmung werden Faserdämmplatten in der Abmessung 62,5 × 100 cm verwendet.

Ermitteln Sie für die Ostseite des Gebäudes den Bedarf an

- Wandbauplatten
- Dünnbettmörtel
- Vormauerziegeln
- Drahtankern
- Dämmplatten

Fenster und Türen werden übermessen.

Wandbauplatten:
Wand 1 = 4,49 m · 3,0 m = 13,47 m^2
Wand 2 = [(3,625 m + 5,50 m)/2] · 6,49 m = 29,61 m^2
29,61 m^2 + 13,47 m^2 = 43,08 m^2
43,08 m^2 · 2 Platten/m^2 = 87 Platten

Dünnbettmörtel:
43,08 m^2 · 1,9 Liter/m^2 = 81,85 Liter

Außenschale:
Wand 1 = 4,99 m · 3,0 m = 14,97 m^2
Wand 2 = [(3,625 m + 5,50 m)/2] · 6,99 m = 31,89 m^2
31,89 m^2 + 14,97 m^2 = 46,86 m^2
Abzug: 0,625 m · 3,0 m = 1,875 m^2
46,86 m^2 – 1,875 m^2 = 44,99 m^2
44,99 m^2 · 50 Ziegel/m^2 = 2250 Ziegel

Mörtelbedarf:
44,99 m^2 · 27 Liter/m^2 = 1214,73 Liter

Drahtanker:
44,99 m^2 · 5 Anker/m^2 = 225 Anker

Dämmplatten:
43,08 m^2/(1 m · 0,625 m) = 69 Platten

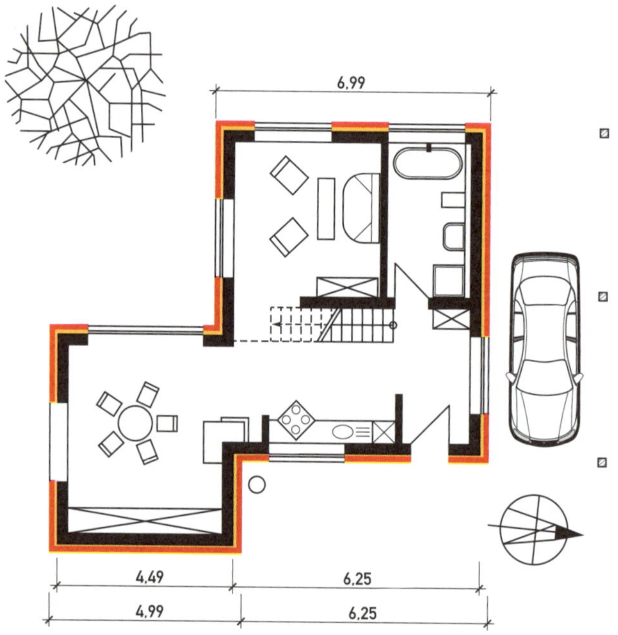

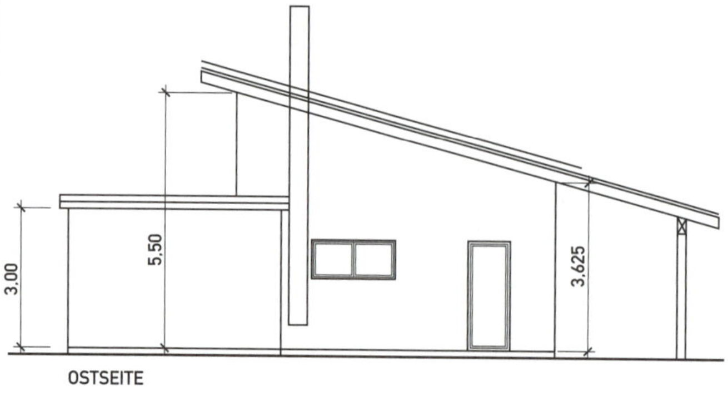

Name:

Klasse:

Datum:

9 Herstellen einer Massivdecke

Informieren Sie sich im Lehrbuch, Abschnitte 9.1 und 9.2.

1. a) Ordnen Sie den angegebenen Deckenteilen des „Jugendtreffs" folgende Begriffe zu:
linienförmiges Auflager, punktförmiges Auflager, einachsig gespannt, zweiachsig gespannt

EG	Besprechung	linienförmige Auflager, einachsig gespannt
	Werken/Labor	linienförmige Auflager, einachsig gespannt
	Garderobe	linienförmige Auflager, einachsig gespannt
OG	Cafeteria	linienförmige Auflager, zweiachsig gespannt
	Küche	linienförmige Auflager, zweiachsig gespannt
	Saal	punktförmiges Auflager + linienförmige Auflager, zweiachsig gespannt
	Vorraum	linienförmige Auflager, einachsig gespannt

b) Könnte die Grundrissgestaltung EG/OG unter statischen Gesichtspunkten ausgetauscht werden? Begründen Sie Ihre Entscheidung.

Geht nicht, denn im Bereich Besprechung/Garderobe würde die tragende Wand auf der Decke über der Cafeteria stehen.

2. a) Begründen Sie bei Schalungen die Verwendung von Trennmitteln.

Trennmittel mindert die Haftung zwischen Beton und Schalhaut, dadurch leichtes Ausschalen möglich, Schalung länger haltbar.

b) Interpretieren Sie das Diagramm.

⊗ Es muss darauf geachtet werden, dass die vorgeschriebene Menge an Trennmittel aufgetragen wird.
Zu wenig → es treten viele Mängel auf.
Zu viel → Mängelhäufigkeit nimmt zu.
Saugende Schalung erfordert mehr Trennmittel.

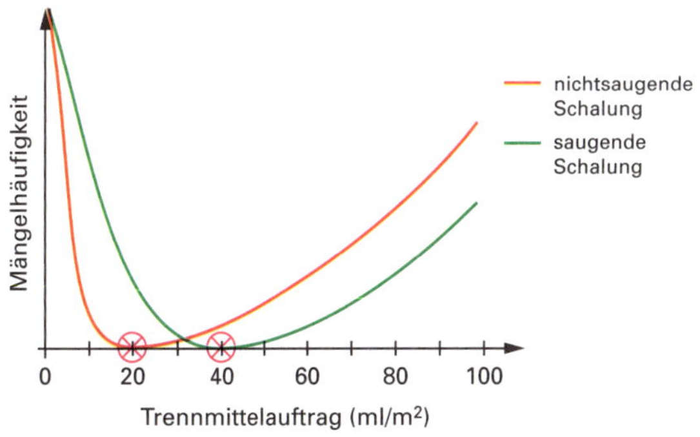

Name:

Klasse:

Datum:

9 Herstellen einer Massivdecke

Schalungen, Bewehrung

Informieren Sie sich im Lehrbuch, Abschnitte 9.2 und 9.3.

1. Informieren Sie sich über die Arten von Deckenschalungen. Tauschen Sie Ihre Baustellenerfahrungen aus und beschreiben Sie die Schalungen von zwei Baustellen.

z. B.: systemlose Schalung aus Schalungsplatten, Unterkonstruktion aus Joch- und Querträgern (Kanthölzer oder Schalungsträger) und Unterstützung (Stahlrohrstützen)

z. B.: Systemschalung als Modulschalung (Rahmen aus Alu mit Sperrholz-Schalungsplatten) und Aluträger auf Stahlrohrstützen mit Fallkopf

2. a) Erklären Sie: Q257A Q: quadratische Maschenfelder, Tragstäbe in beiden Richtungen $2{,}57\ cm^2/m$ A: normale Duktilität

R424A R: rechteckige Maschenfelder, Tragstäbe in Längsrichtung $4{,}24\ cm^2/m$, Verteilerstäbe in Querrichtung

b) Zeichnen Sie den Querschnitt der Betonstahlmatten im Maßstab 1 : 25.

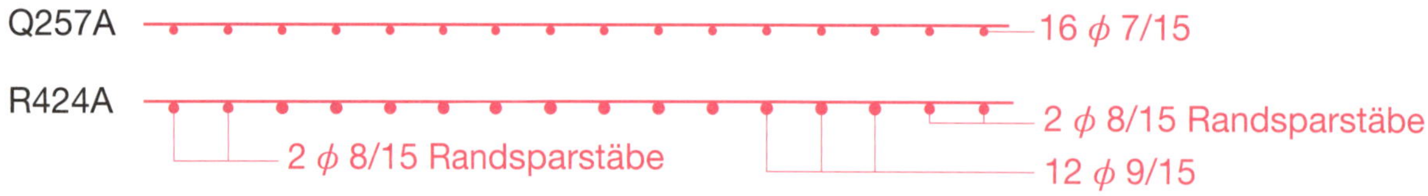

c) Berechnen Sie die Querschnitte der Längsstäbe (mm^2) pro m im mittleren Bereich.

Q257A: ϕ 7 mm: $A = \pi \cdot 3{,}5^2 = 38{,}485\ mm^2$, auf 15 cm $38{,}485\ mm^2$,

auf 100 cm $\frac{38{,}485}{15} \cdot 100 = 256{,}57\ mm^2$

R424A: ϕ 9 mm: $A = \pi \cdot 4{,}5^2 = 63{,}617\ mm^2$, auf 15 cm $63{,}617\ mm^2$,

auf 100 cm $\frac{63{,}617}{15} \cdot 100 = 424{,}11\ mm^2$

d) Berechnen Sie die Querschnitte der Querstäbe (mm^2) pro m.

Q257A: ϕ 7/15 → $256{,}57\ mm^2$ (s. oben)

R424A: ϕ 8/25 → $A = \pi \cdot 4^2 = 50{,}265\ mm^2$, auf 25 cm $50{,}265\ mm^2$,

auf 100 cm $\frac{50{,}265}{25} \cdot 100 = 201{,}06\ mm^2$

e) Skizzieren Sie einen Ein- und einen Zwei-Ebenen-Stoß der R424A im Querschnitt.

Name: Klasse: Datum:

9 Herstellen einer Massivdecke

Informieren Sie sich im Lehrbuch, Abschnitt 9.3.

1. a) Zeichnen Sie die statisch erforderlichen unteren und oberen Bewehrungen in die unmaßstäbliche Prinzipskizze ein. Berücksichtigen Sie dabei, dass die Unterzüge zusammen mit der Decke betoniert werden. Zeichnen Sie auch die Bewehrungen der Unterzüge und die Anschlussbewehrung aus der Wand ein.

——————— Betonstabstahl

-·—·—·—·—·—·— Betonstahlmatten

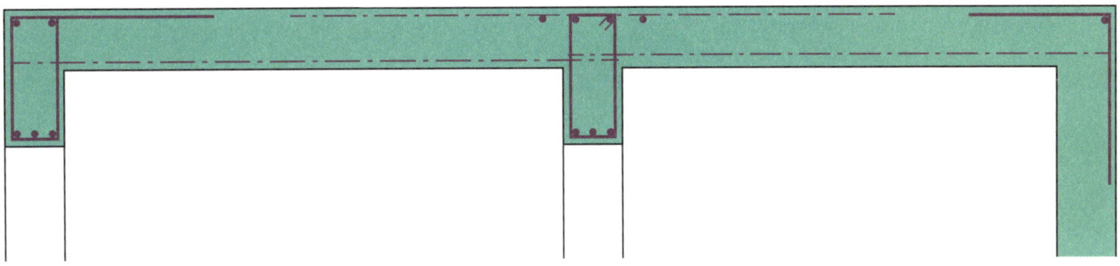

b) Zeichnen Sie die unteren und oberen Bewehrungen in die unmaßstäbliche Prinzipskizze ein. Ergänzen Sie auch die konstruktiven Bewehrungen und die Randeinfassung der Balkonplatte mit Betonstabstahl.

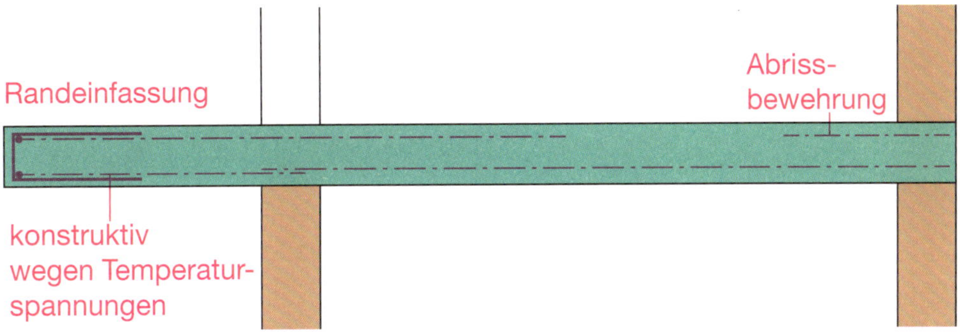

c) Welcher Unterschied besteht zwischen den Bewehrungen im Bereich der rechten Auflager?

obere Bewehrung bei Stahlbetonwand: volle Einspannung, statisch berechnet

obere Bewehrung bei Mauerwerk: konstruktive Einspannung

Name: Klasse: Datum:

9 Herstellen einer Massivdecke

Betonstähle, Betongruppen

Informieren Sie sich im Lehrbuch, Abschnitte 9.3 und 9.4.

1. Weshalb kann eine Bewehrung mit Betonstabstahl bei einer Massivdecke in Ortbeton erforderlich sein?

   Für große Spannweiten ist ein großer Stahlquerschnitt erforderlich, der durch Betonstahlmatten oft nicht abgedeckt werden kann.

2. Ordnen Sie die richtigen Aussagen einander zu, indem Sie diese durch Pfeile verbinden.

Die Betondeckung ist abhängig von …	Begründung:
… der Expositionsklasse	Gewährleistung der Dauerhaftigkeit; Korrosionsschutz der Bewehrung
… dem Stabdurchmesser	Sichere Übertragung der Zugkräfte in den Beton; Verbund zwischen Stahl und Beton
… der Qualitätskontrolle	Verringerung im Fertigteilwerk möglich

3. Erklären Sie die Bezeichnung des angegebenen Betons und ordnen Sie die Probekörperformen ① und ② zu.

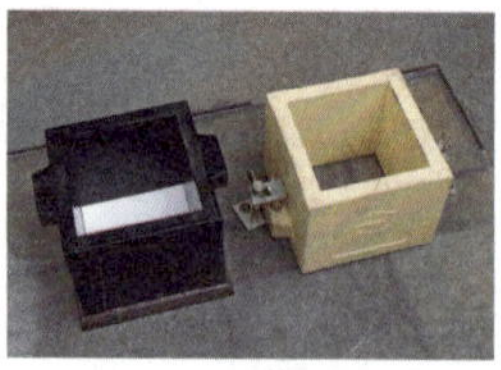

①

②

C 25/30

- 30: Nennfestigkeit in N/mm^2 nach 28 Tagen eines Würfels ①
- 25: Nennfestigkeit in N/mm^2 nach 28 Tagen eines Zylinders ②
- C: Concrete (engl.) → Beton

Name: ____________ Klasse: ____________ Datum: ____________

Informieren Sie sich im Lehrbuch, Abschnitt 9.4.

1. a) Die Konsistenz von Frischbeton wird durch unterschiedliche Verfahren bestimmt. Ordnen Sie die beiden Betone ein.

Ausbreitmaß:

f = 470 mm

Konsistenzklasse:

F3 weich

Verdichtungsmaß:

c = 1,24

Konsistenzklasse:

C2 plastisch

b) Ergänzen Sie: Je weicher der Beton, umso besser die Verarbeitbarkeit.

2. a) Ordnen Sie der Decke über EG mögliche Expositionsklassen zu und bestimmen Sie die Betondeckung.

XC1 im Gebäudeinneren: c_{nom} = 2 cm, XC3 im Bereich Bögen/Balken c_{nom} = 3,5 cm

b) Bestimmen Sie die Mindestbetonfestigkeitsklasse.

XC1: C16/20 XC3: C20/25

c) Kreuzen Sie die richtige Antwort an:

◯ Es kann ein Standardbeton eingebaut werden

⊗ Es kann kein Standardbeton eingebaut werden.

Begründung: Standardbeton nur für bewehrte Bauteile bis C16/20 und X0, XC1, XC2

d) Welches Größtkorn schlagen Sie vor? Begründen Sie Ihre Entscheidung.

Größtkorn 16 mm oder 32 mm. Das Größtkorn sollte nicht größer sein als die Betondeckung.

Name: Klasse: Datum:

9 Herstellen einer Massivdecke

Betonverarbeitung, Schutzdächer

Informieren Sie sich im Lehrbuch, Abschnitte 9.4 und 9.5.

1. a) Ergänzen Sie die folgenden Sätze:

   Je geringer der *w/z*-Wert, desto besser die Festbetoneigenschaften.

   Je größer das Ausbreitmaß, desto besser die Verarbeitbarkeit.

   b) Interpretieren Sie folgendes Diagramm für die Eigenschaften von Frisch- und Festbeton bei der Verwendung von Fließmitteln.

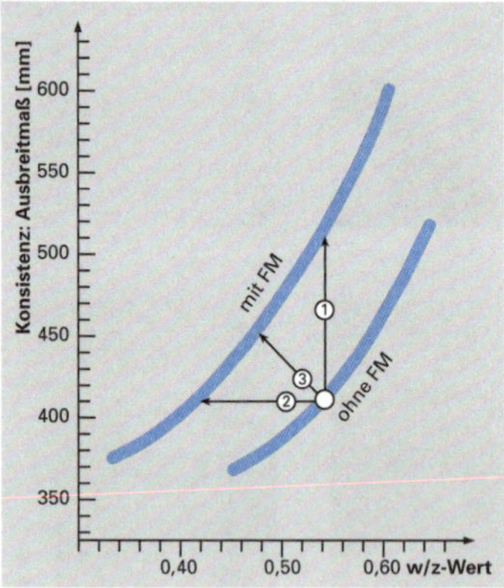

   ① bei gleichem *w/z*-Wert verbessert sich die Verarbeitbarkeit des Frischbetons

   ② bei gleicher Verarbeitbarkeit verbessern sich die Festbetoneigenschaften, da kleiner *w/z*-Wert

   ③ Fest- und Frischbetoneigenschaften verbessern sich bei kleinerem *w/z*-Wert

2. Ergänzen Sie den nachfolgenden Text.

   Gesteinskörnungen werden je nach Korngröße in Korngruppen eingeteilt.

   Gesteinskörnungen, die durch das Sieb mit 0,063 mm fallen, nennt man Füller.

   Der Kornanteil von 0 … 0,125 mm mit dem Zementgehalt und gegebenenfalls den Betonzusatzstoffen wird als Mehlkorn bezeichnet.

   Zur Beurteilung von Korngemischen dienen Grenzsieblinien mit den Bereichen ① grobkörnig, ③ grob- bis mittelkörnig, ④ mittel- bis feinkörnig und ⑤ feinkörnig. Diese Sieblinien verlaufen stetig. Wenn eine oder mehrere Korngruppen fehlen, ist der Verlauf der Sieblinie in diesem Bereich waagerecht, man spricht von ② Ausfallkörnungen.

   Der Kornaufbau eines Korngemisches beeinflusst den Wasseranspruch und damit die Verarbeitung des Frischbetons und die Festbetoneigenschaften.

3. Welche Aufgaben haben Absturzsicherungen im Verlauf des Baufortschrittes?

   Z. B Fanggerüste für Arbeiten über 5 m Höhe, wenn kein Arbeitsgerüst vorhanden. Schutzdächer für z. B. Passanten gegen herabfallende Gegenstände.

Name: ______ Klasse: ______ Datum: ______

Anforderungen Putzgrund	10 Putzen einer Wand

Informieren Sie sich im Lehrbuch, Abschnitte 10.1 und 10.2.

1. Begründen Sie dem Bauherrn des Projektes „Jugendtreff“ Ihren Vorschlag für einen dampfdurchlässigen Außenputz anhand der folgenden Darstellung.

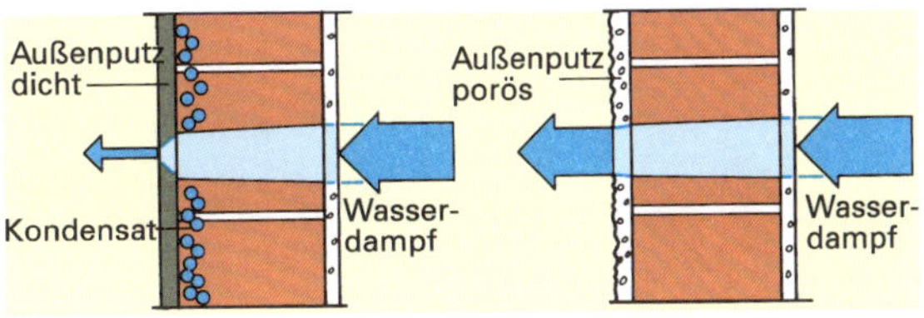

Auftretender Wasserdampf an der Innenseite der Außenwand kann bei einem dampfundurchlässigen Putz nicht nach außen diffundieren. Es bildet sich Kondenswasser im Inneren der Wand. Bei einem porösen Außenputz bleibt die Wand trocken, da eine gute Dampfdiffusion den Wasserdampf nach außen transportiert.

2. a) Beurteilen Sie den Putzgrund, wenn die Außenwände des Projektes „Jugendtreff“ aus Leichtziegeln hergestellt werden. Geben Sie auch eventuell notwendige Maßnahmen an.

Maßgerecht: Bei einem Neubau kann der Außenputz in gleichmäßiger Dicke aufgetragen werden.

Rau: Die Oberfläche von Mauerwerk aus Leichtziegeln ist rau → guter Verbund mit dem Putzgrund.

Tragfähig: Gute Tragfähigkeit durch raue Oberfläche.

Einheitlich: ist gegeben → im Bereich der Stürze und Decken evtl. Putzträger

Saugfähig: Annässen bei Ziegelmauerwerk

b) Welche Probleme treten hinsichtlich des Putzgrundes bei einem Altbau aus Mischmauerwerk auf? Welche Lösung schlagen Sie vor?

Die Eigenschaften aus a) sind bei Mischmauerwerk unterschiedlich, deshalb wird ein Spritzbewurf als Ausgleichsschicht vorgeschlagen.

Name:	Klasse:	Datum:

10 Putzen einer Wand

Mörtelarten, Putzaufbau

Informieren Sie sich im Lehrbuch, Abschnitte 10.3 und 10.4.

1. Wählen Sie für die folgenden Wände des Projektes „Jugendtreff" einen mineralischen Putz aus:

Wand	gewählter Putz	Eigenschaften
Außenwand Sockelbereich	Zementmörtel	dicht im Spritzwasserbereich, schwer zu verarbeiten
Außenwand Leichtziegel	Kalkzementmörtel	mit Sand diffusionsfähig, gute Haftfähigkeit
Innenwand Hochlochziegel	Mörtel mit Luftkalk oder Gipsmörtel	nehmen Feuchtigkeit auf und geben sie ab

2. Ordnen Sie die jeweiligen Funktionen den Putzlagen zu, indem Sie diese mit Pfeilen verbinden.

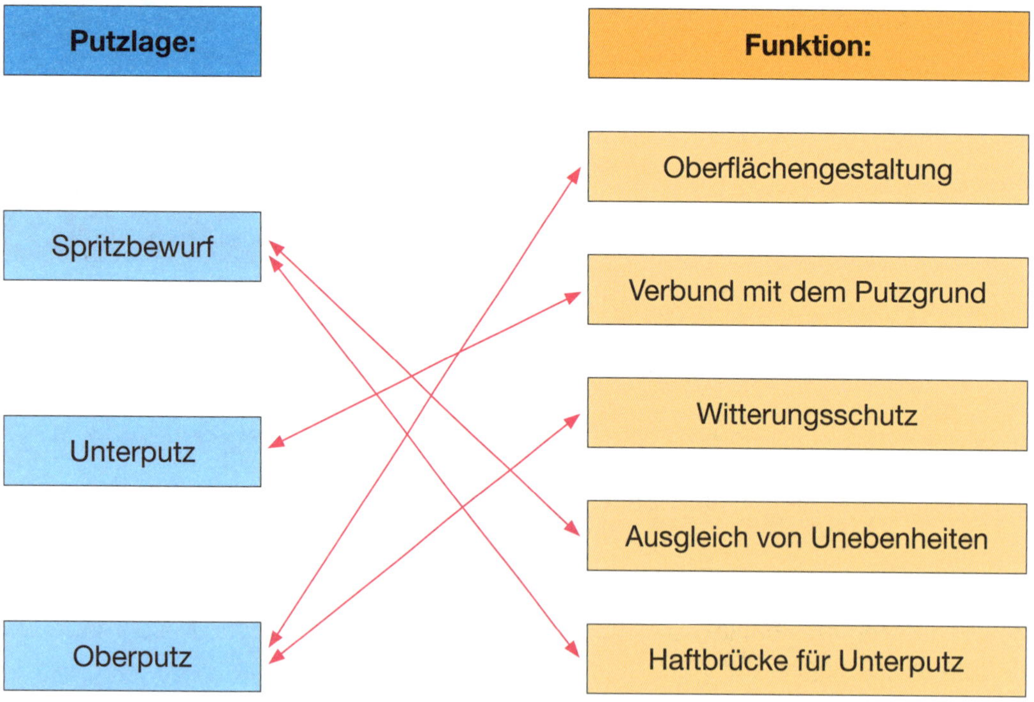

10 Putzen einer Wand

Informieren Sie sich im Lehrbuch, Abschnitt 10.6.

1. a) Bezeichnen Sie den verwendeten Putzträger in einem Altbau und begründen Sie dessen Einsatz.

RSM, Heitfeld, Troisdorf

Bezeichnung:

Rippenstreckmetall

Begründung: Mischmauerwerk und rechts im Bild Fachwerk → unterschiedlicher Putzgrund → unterschiedliche Tragfähigkeit

b) Nennen Sie zwei weitere Arten von Putzträgern.

Ziegeldrahtgewebe, Drahtgitter

2. Erklären Sie die Aufgabe der dargestellten Putzbewehrung im Fensterbereich. Skizzieren Sie dazu das zu erwartende Rissbild, falls keine Putzbewehrung eingelegt würde, und eine weitere Möglichkeit für die Putzbewehrung.

Skizze Rissbild:

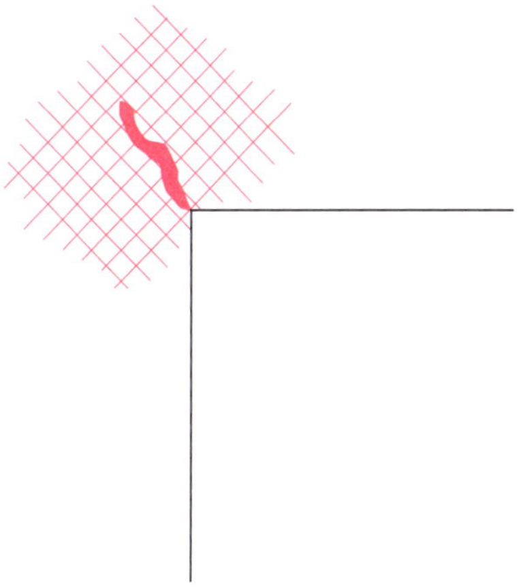

Erklärung: – Rissgefahr bei einspringenden Ecken → Armierung möglichst senkrecht zu den drohenden Rissen

– Kanten sind durch mechanische Einwirkungen gefährdet

Name:	Klasse:	Datum:

10 Putzen einer Wand

Informieren Sie sich im Lehrbuch, Abschnitt 10.7.

1. Diskutieren und beschreiben Sie Ihren Eindruck der Fassadengestaltungen ① bis ④.

Fassade ① warme Farbe, modern, etwas dunkel, passt zum Stil …

Fassade ② helle Farbe, herkömmliche Gestaltung, passt zum Stil …

Fassade ③ helle Farbe ist empfindlich, herkömmliche Gestaltung …

Fassade ④ wirkt dunkel, trist, das Haus wirkt kleiner …

2. Fotografieren Sie mit Ihrem Handy zwei Fassaden, die Ihnen gefallen, drucken Sie diese aus und kleben Sie die Fotos in die vorbereiteten Rahmen. Diskutieren Sie Ihre Eindrücke.

Name:	Klasse:	Datum:

10 Putzen einer Wand

Informieren Sie sich im Lehrbuch, Abschnitt 10.10.

1. a) Begründen Sie für das Projekt „Jugendtreff“ die Anwendung eines Wärmedämm-Verbundsystems.

   - Einsparung von Heizkosten
   - Umweltschutz durch Energieeinsparung
   - Einhalten der Energieeinsparverordnung (EnEV)

   b) Bezeichnen Sie die Schichten des dargestellten Wärmedämm-Verbundsystems.

- Klebemörtel zur Befestigung des Dämmstoffes
- Wärmedämmstoff
- Putzgewebe an den Ecken verstärkt
- untere Putzschicht mit Putzgewebe
- obere Putzschicht (Deckschicht)
- Eckprofil als Kantenschutz

   c) Welche Funktion übernehmen die dargestellten Bestandteile eines Wärmedämm-Verbundsystems?

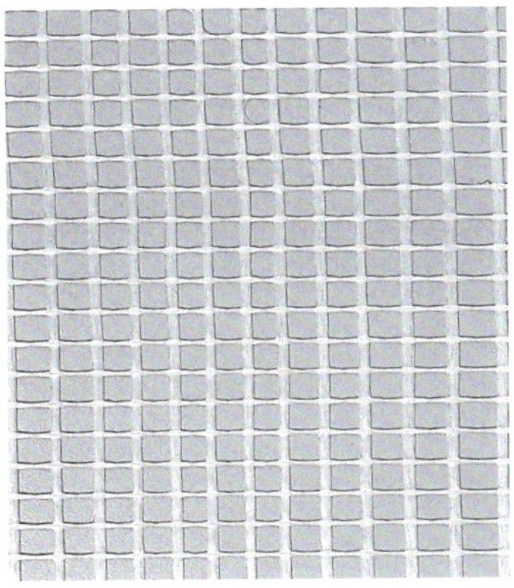

Putzgewebe als Bewehrung für Temperaturspannungen und Materialwechsel

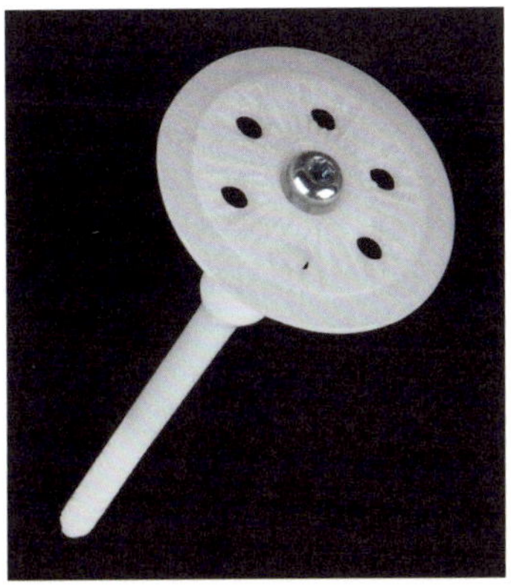

Dübel zur Sicherstellung der Standfestigkeit des Dämmstoffes

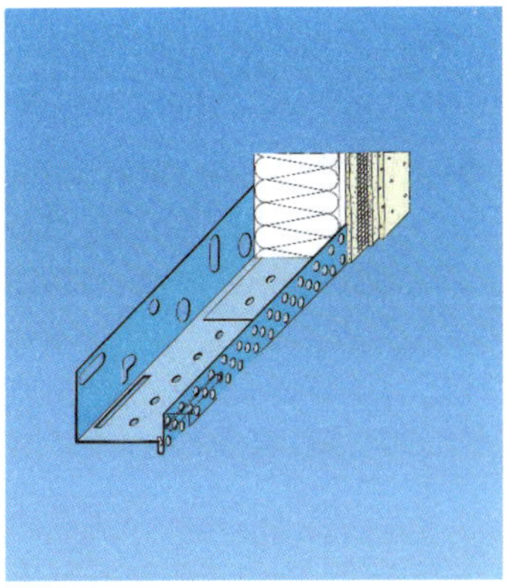

unteres Abschlussprofil mit Tropfnase – als Auflager der Schichten

Name: ____________ Klasse: ____________ Datum: ____________

10 Putzen einer Wand

Oberfläche, Mörtelberechnung

Informieren Sie sich im Lehrbuch, Abschnitte 10.7 und 10.12.

1. a) Die Wände des Besprechungsraumes im „Jugendtreff“ sollen mit einem weißen Strukturputz gestaltet werden. Die Putzdicke beträgt 15 mm. Berechnen Sie die Anzahl der zu bestellenden Säcke Trockenmörtel mit je 25 kg, wenn je Sack 23 l Frischmörtel hergestellt werden können. Der Verlust beträgt 10 %.

Putzfläche: $3{,}76 \cdot 3{,}03 + (2 \cdot 3{,}63^5 \cdot 3{,}03 - 0{,}88^5 \cdot 2{,}13^5)$
$+ [(3{,}76 - 2 \cdot 0{,}75) \cdot 3{,}03 + 2 \cdot 0{,}75\sqrt{2} \cdot 3{,}03 - 2 \cdot 0{,}76 \cdot 1{,}63^5$
$- 1{,}01 \cdot 1{,}63^5] = 40{,}67\ m^2$

Festmörtel/m²: $0{,}015\ m^3 \triangleq 15\ dm^3 \triangleq 15\ l$

Frischmörtel/m²: $15\ l/m^2$ + 10 % Verlust = $16{,}5\ l/m^2$

Frischmörtel: $16{,}5\ l/m^2 \cdot 40{,}67\ m^2 = 671{,}06\ l$ Frischmörtel

Anzahl Säcke: 671,06 l : 23 l/Sack = 29,18 Säcke

Zu bestellen sind 30 Säcke Trockenmörtel.

b) Machen Sie Alternativvorschläge für die Gestaltung des Innenputzes (Struktur und Farbe). Recherchieren Sie dazu im Internet, drucken Sie zwei Möglichkeiten aus und kleben Sie diese Ausdrucke in die vorgesehenen Rahmen. Besprechen Sie Ihre Wahl mit Ihrem Mitschüler.

Name: Klasse: Datum:

Trockenbau	11 Herstellen einer Wand in Trockenbauweise

Informieren Sie sich im Lehrbuch, Abschnitte 11.1.1 und 11.1.2.

1. Erklären Sie stichwortartig den Fachbegriff „Trockenbau“.

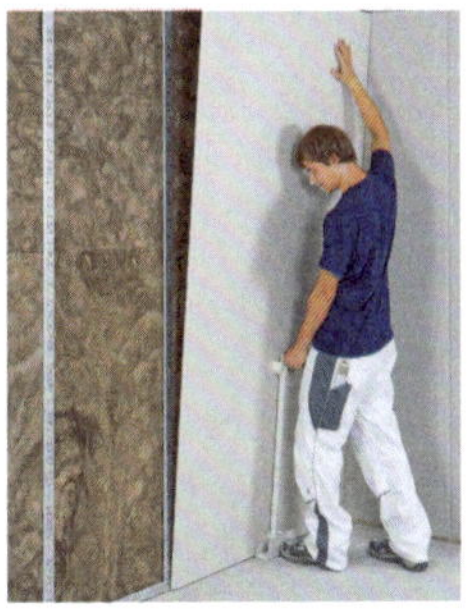

Die zur Herstellung der Trockenbaukonstruktion notwendigen Bauelemente sind vorgefertigt und werden im Wesentlichen trocken zusammengefügt (verbunden).

2. Der Trockenbau bietet erhebliche Vorteile, hat aber auch Nachteile. Nennen Sie diese jeweils, indem Sie nachfolgende Übersicht ergänzen.

Vorteile:

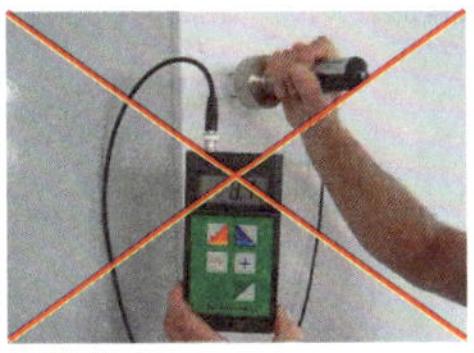
keine Baufeuchte

Brandschutz

Schallschutz

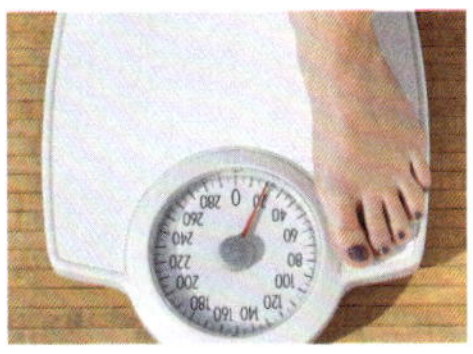
geringe Masse

Wärmeschutz

Zeitersparnis

Nachteile:

feuchteempfindlich

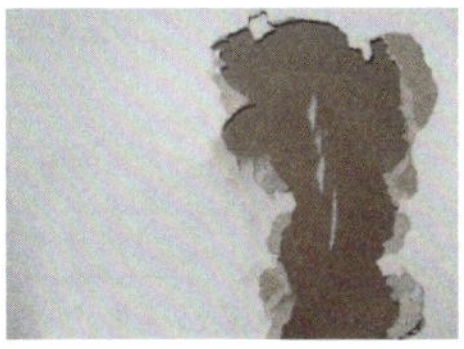
bruchempfindlich

Materialkosten

3. Ordnen Sie die nachfolgenden Trockenbaukonstruktionen jeweils richtig zu und nennen Sie einen Bereich in Ihrem Projekt, wo diese zur Anwendung kommen könnten.

① Wandtrockenputz: als Wandbekleidung

② Montagewände: als Raumtrennwände

③ Vorsatzschalen: als WC-Vorwandinstallation

④ Montagedecken: als abgehängte Decke

⑤ Trockenunterböden: als Trockenestrich

③
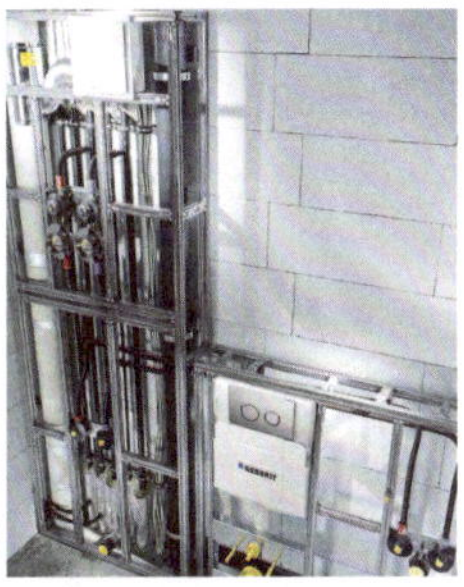

②

⑤

①

④

Name:	Klasse:	Datum:

11 Herstellen einer Wand in Trockenbauweise

Leichte Trennwände I

Informieren Sie sich im Lehrbuch, Abschnitte 11.1.3 und 11.1.4.

Bei nicht tragenden leichten Trennwänden wird zwischen „einschaligen Trennwänden“ und „Montagewänden“ unterschieden. Kreuzen Sie die richtigen Aussagen jeweils an.

1. Einschalige Trennwände …

- ( ) sind Wände in massiver Bauart aus massiven Baustoffen wie z. B. Beton.
- (X) werden mit speziellem Dünnbettmörtel im Verband gemauert.
- ( ) werden mit Normalmauermörtel vermauert.
- (X) sind Wände in massiver Bauart aus Baustoffen wie z. B. Gips.
- ( ) gibt es doch überhaupt nicht.

2. Montagewände …

- (X) bestehen aus einer Unterkonstruktion und einer beidseitigen Beplankung.
- (X) sind mehrschalige leichte, nicht tragende Trennwände in Ständerbauart.
- ( ) haben keinen Rasterabstand der Ständer.
- (X) haben in der Regel einen Rasterabstand der Ständer von 62,5 cm.
- ( ) werden immer nur montags hergestellt.

3. Bei den Montagewänden wird zwischen **Holzständer-** und **Metallständerwänden** unterschieden. Benennen Sie die nachfolgend dargestellten Skizzen, indem Sie die Bezeichnung a) und b) der jeweiligen Montagewand sowie deren Bestandteile ergänzen.

a) Holz-Einfachständerwand, einlagig beplankt

b) Metall-Einfachständerwand, einlagig beplankt

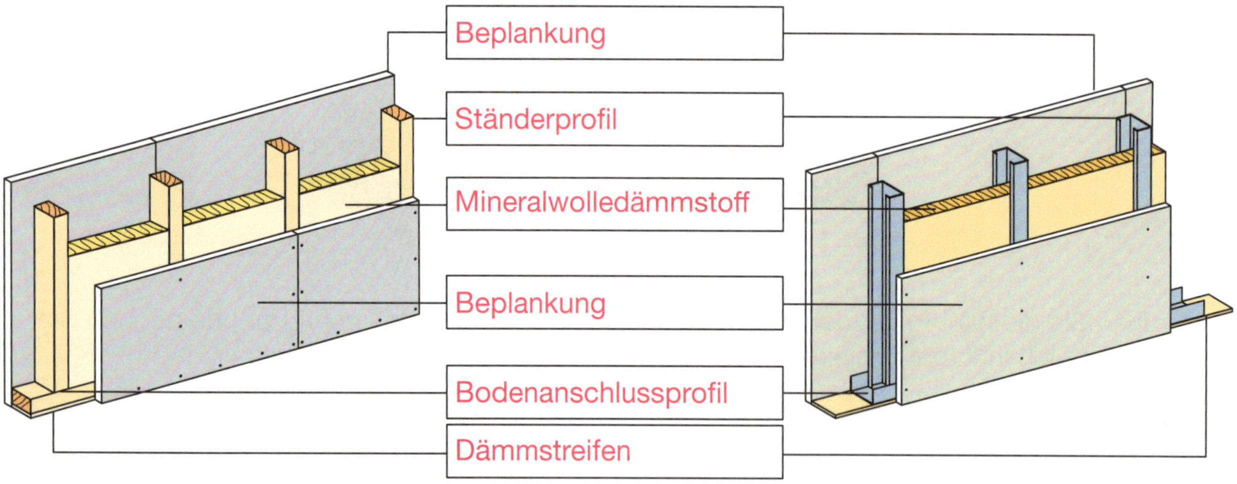

4. a) Erklären Sie stichwortartig den Begriff **„Doppelständerwand“** und skizzieren Sie im vorgegebenen Kasten diese Wandkonstruktion im Grundriss mit starrem Wandanschluss.

Zwei nebeneinander angeordnete Unterkonstruktionen, von denen jeweils nur die Wandaußenseite mit Trockenbauplatten beplankt ist.

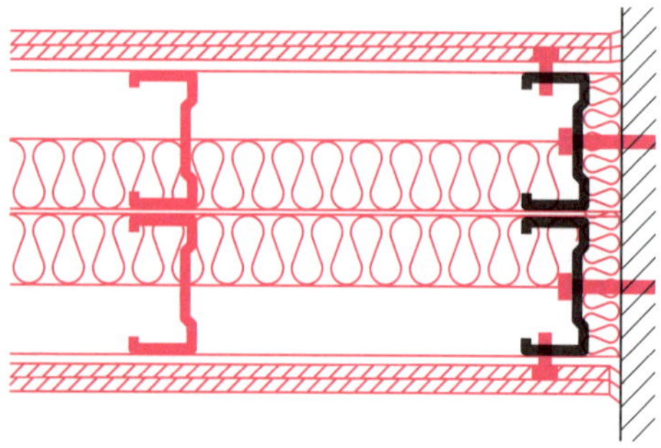

b) In welchem Bereich des Gebäudes wäre bei unserem Projekt diese Wand sinnvoll einsetzbar? (Begründung).

z. B. zwischen den Laborräumen (Schallschutz!)

Name:	Klasse:	Datum:

11 Herstellen einer Wand in Trockenbauweise

Informieren Sie sich im Lehrbuch, Abschnitt 11.2.1.

Planen Sie nun den Arbeitsablauf bei der Herstellung unserer Trennwand im Werkraum des Jugendtreffs, indem Sie zunächst die im Folgenden dargestellten Skizzen in die richtige Reihenfolge bringen und dann den jeweiligen Arbeitsschritt stichwortartig beschreiben.

W

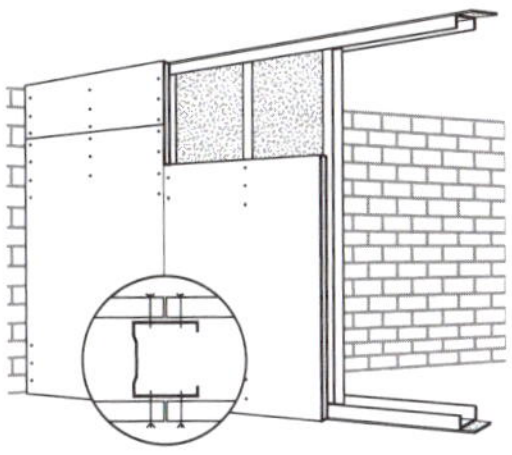

(6) Beplankung der 2. Wandseite mit Trockenbauplatten (Befestigung mit Schnellbauschrauben)

B

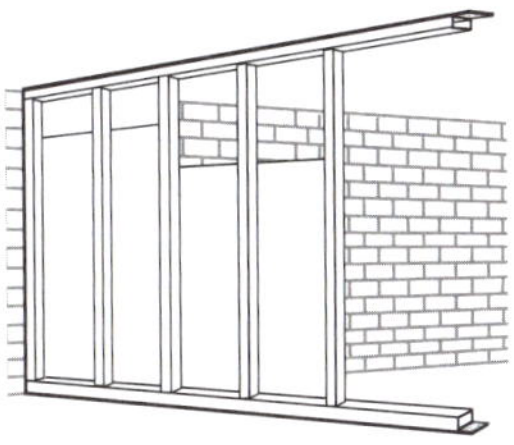

(4) Beplankung der 1. Wandseite mit Trockenbauplatten (Befestigung mit Schnellbauschrauben)

K

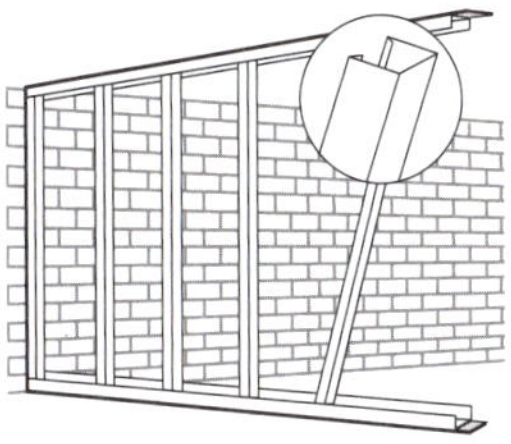

(3) Einbau der CW-Ständerprofile in die UW-Rahmenprofile im Achsraster von 62,5 cm

I

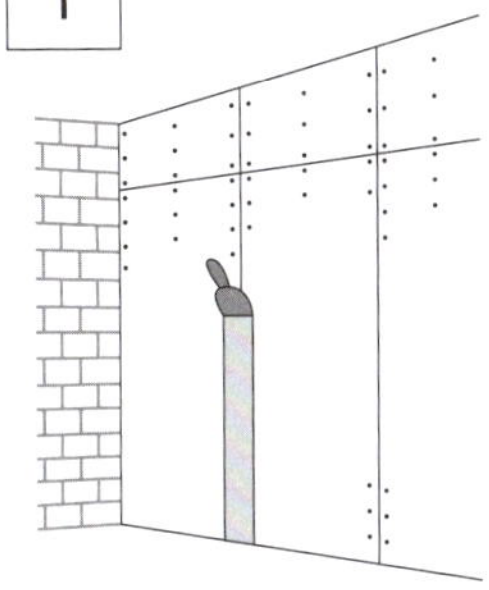

(7) Verspachtelung der Fugen mit Fugengips (je nach Plattenart evtl. Bewehrungsstreifen einlegen)

R

(2) Befestigung der UW-Rahmenprofile mit Dübeln und Schrauben an Boden und Decke (Dämmstreifen einlegen)

A

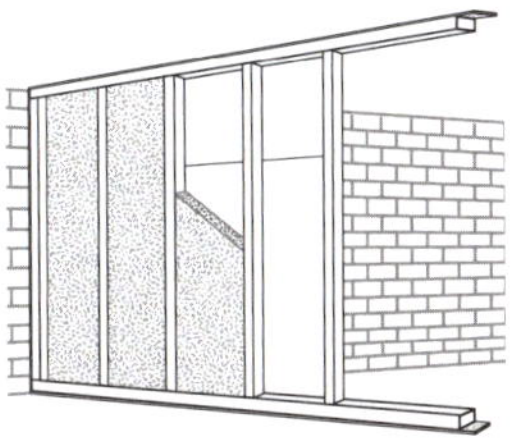

(5) Einbau des Mineralwolledämmstoffs (Mindestdicke 40 mm)

T

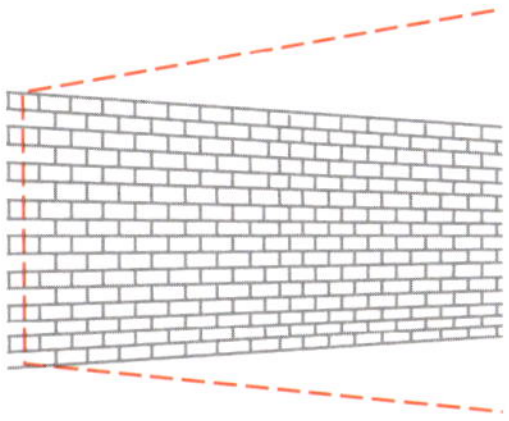

(1) Einmessen und Anreißen der Wandachse an Boden, Wand und Decke (Schlagschnur, Lot, Laser)

Vervollständigen Sie den folgenden Lösungssatz:
„Herstellung einer leichten Trennwand in

T	R	O	C	K	E	N	B	A	U	W	E	I	S	E

“

Name: ______ Klasse: ______ Datum: ______

11 Herstellen einer Wand in Trockenbauweise

Werkzeuge

Informieren Sie sich im Lehrbuch, Abschnitt 11.2.3, oder recherchieren Sie im Internet.

Bei der Herstellung der Metalleinfachständerwand mit Gipsplatten werden zur fachgerechten Herstellung verschiedene Werkzeuge benötigt. Wählen Sie nun die dazu notwendigen und geeigneten Werkzeuge aus und ergänzen Sie nachfolgende Tabelle.

Fachwerkzeug(e):	**Verwendungszweck:**
(3) Stanzzange (Krimperzange)	Verbindung der UW-Rahmenprofile mit den CW-Ständerprofilen
(4) Messwerkzeuge (Laser, Lot, Meterstab)	Einmessen und Aufreißen der Wandachse an Boden, Wand und Decke
(6) Klingen- und Plattenmesser	Zuschneiden der Trockenbauplatten (Gipsplatten)
(12) Hohlraumdosenfräser	Herstellen von Öffnungen (z. B. Elektrodosen in der Beplankung)
(14) Surformhobel	Ebnen von Schnittstellen an Trockenbauplatten (Gipsplatten)
(15) Eck- und Schraubgriffspachtel	Herstellen von Ecken (Eckspachtel) bzw. ebenen Flächen (Schraubgriffspachtel)
(19) Handschleifer (mit Schleifpads)	Verschleifen der Fugen/Plattenstöße, Herstellen ebener Flächen
(20) Kantenhobel	Anfasen der Gipsplattenkanten mit unterschiedlichen Winkeln (22,5°/45°)
(21) Schnellbauschrauber	Befestigung der Trockenbauplatten mit Schnellbauschrauben an CW-Ständerprofilen

Name: ______________ Klasse: ______________ Datum: ______________

12 Herstellen von Estrich

Informieren Sie sich im Lehrbuch, Abschnitte 12 und 12.1,
sowie im Tabellenbuch, Abschnitt „Estriche“.

1. Welche Aufgaben bzw. Anforderungen haben Estriche prinzipiell zu erfüllen?

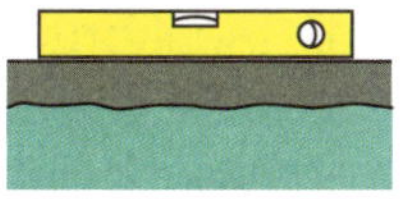

Untergrund ebnen

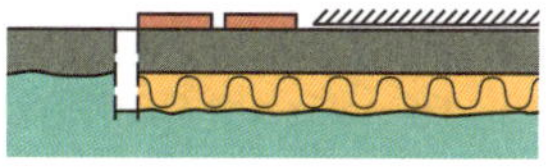

Fußbodenbeläge aufnehmen

Lasten aufnehmen

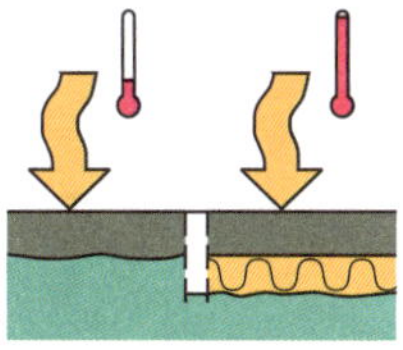

Wärmeschutz

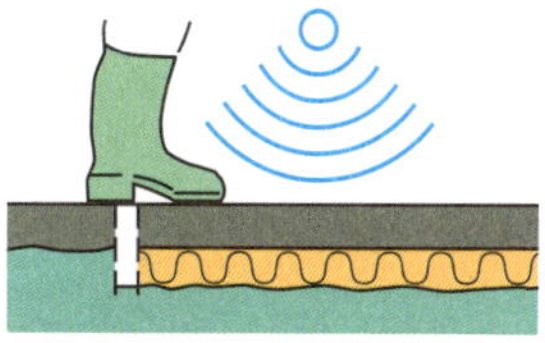

Schallschutz

2. Vervollständigen Sie das nachfolgende Schaubild zur Unterscheidung von Estrichen.

Estriche

werden unterschieden nach

Bindemittel	Verlegeart	Verlegetechnik
– Zementestriche (CT) – Calciumsulfat-estriche (CA) – Magnesia-estriche (MA) – Gussasphalt-estriche (AS) – Kunstharz-estriche (SR)	– Verbundestriche (V) – Estriche auf Trennschicht (T) – Estriche auf Dämmschicht (schwimmende Estriche (S))	– hand-/kellenverlegte Estriche – Fließestriche, selbstnivellierend – Fertigteilestriche (Trockenestriche)

3. Bei unserem Projekt wurde ein Estrich mit folgender Bezeichnung nach DIN EN 13813 eingebaut, erklären Sie diese: **CT – C20 – F5 – S45**

- CT: Zementestrich (Estrichart)
- C20: Druckfestigkeitsklasse 20 (N/mm^2)
- F5: Biegezugfestigkeitsklasse 5 (N/mm^2)
- S45: Schichtdicke 45 mm
- auf Dämmschicht

Name: ______________ Klasse: ______________ Datum: ______________

12 Herstellen von Estrich

Informieren Sie sich im Lehrbuch, Abschnitte 12.1.1 … 12.1.3,
sowie im Tabellenbuch, Abschnitt „Estriche“.

1. Nach der Verlegeart werden drei unterschiedliche Estrichkonstruktionen unterschieden. Vervollständigen Sie die nachfolgende Tabelle, indem Sie die jeweilige Konstruktion nennen und skizzieren, die Bestandteile bezeichnen und Verwendungsbeispiele benennen.

Konstruktion (Skizze) mit Bestandteilen	**Beispiel(e) bzw. Verwendung**
Verbundestrich (V) 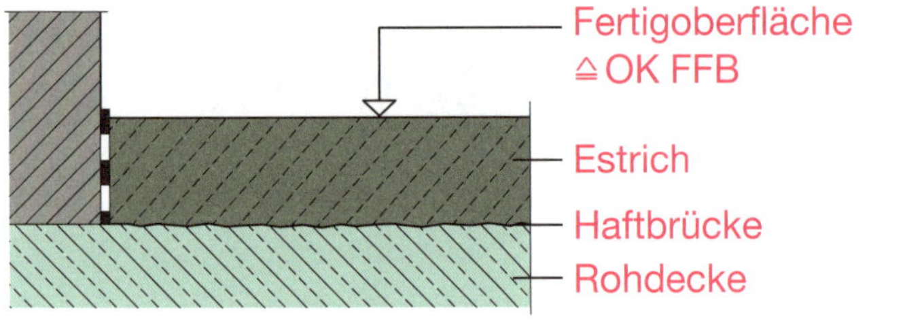 	– in untergeordneten Räumen (UG) mit direkter Nutzung – als Gefälleestrich in Nassräumen oder auf Terrassen – als Hartstoffestrich in Parkhäusern/ Industriebauten – als Kunstharzestrich für Ausbesserungsarbeiten
Estrich auf Trennschicht (T) 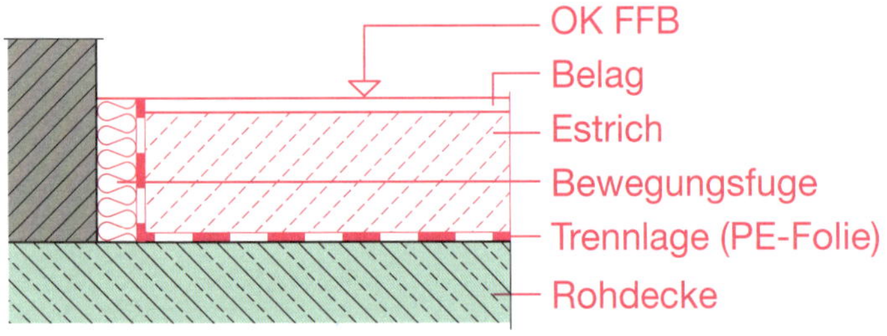 	– Heizräume – Wasch- und Trockenräume – Lagerräume
Estrich auf Dämmschicht (S) 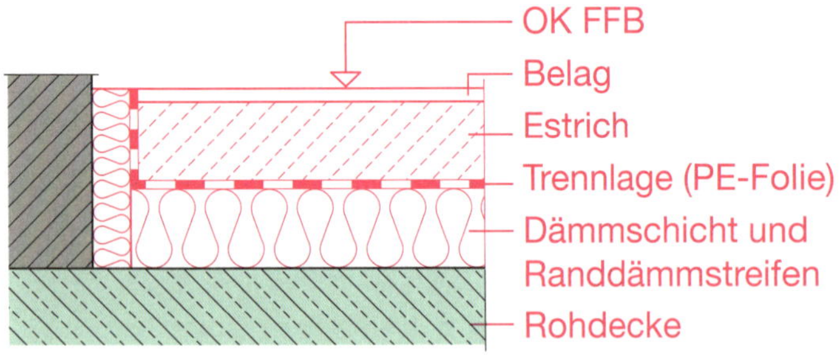 	– im Wohnungsbau mit Anforderungen an Schall- und Wärmeschutz (andere Bezeichnung: „schwimmender Estrich“)

2. Machen Sie einen Vorschlag (mit kurzer Begründung) für eine geeignete Estrichkonstruktion an Ihrem Projekt Jugendtreff für:

   a) die Terrasse: Verbundestrich (V) als Gefälleestrich; Fertigoberfläche für direkte Nutzung

   b) die Cafeteria: Estrich auf Dämmschicht (S); Anforderung an Schall- und Wärmeschutz

Name: ____________ Klasse: ____________ Datum: ____________

12 Herstellen von Estrich

Informieren Sie sich im Lehrbuch, Abschnitte 12.1.1 … 12.1.3.

1. Um **Verbundestriche** (V) und **Estriche auf Trennschicht** (T) fachgerecht herstellen zu können, sind verschiedene Anforderungen zu beachten. Kreuzen Sie jeweils richtig an:

Verbundestriche (V) …

- ⊗ sind vollflächig und kraftschlüssig mit dem Untergrund zu verbinden.
- ○ sind rissüberbrückend, der Untergrund muss daher nicht rissfrei und fest sein.
- ○ ermöglichen höheren Schallschutz als Estriche auf Dämmschichten.
- ○ erfordern die Anordnung von Bewegungsfugen (Fläche >10 … 40 m^2).
- ⊗ benötigen einen absolut sauberen und trockenen Untergrund. Freie und lose Teile sind zu beseitigen.

Estriche auf Trennschicht (T) …

- ⊗ können sich vom Untergrund unabhängig bewegen.
- ⊗ erfordern als Mindestdicke 35 mm bei Zementestrich.
- ○ benötigen zur besseren Haftung auf dem Untergrund eine Haftemulsion.
- ⊗ erfordern die Anordnung von Bewegungsfugen (Fläche >10 … 40 m^2).
- ⊗ benötigen als Trennschichten entweder PE-Folien, Bitumenbahnen oder Glasvliesbahnen.

2. a) Für die Herstellung von **schwimmendem Estrich** (S) bei unserem Projekt sind die abgebildeten Arbeitsschritte in der richtigen Reihenfolge zu ordnen und zu erklären.

③ Trennschicht (PE-Folie) mit ≥ 10 cm überlappenden Stößen auslegen und am Rand hochziehen

① Randdämmstreifen an verputzter Wand anbringen, Installationen (Heizungsrohre) sorgfältig mit Dämmstreifen umhüllen

② Dämmschicht auf ebenem Untergrund verlegen (Dämmplatten mit dichtem Stoß oder im Verbund verlegen)

b) Nachfolgende Regeln sind bei der Ausführung noch zu beachten:

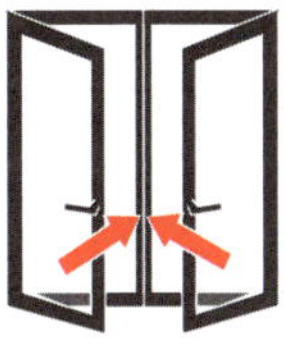

Fenster schließen oder Öffnungen mit Folie verschließen

Innentemperatur ≥ 5°C und möglichst ≤ 15°C ⇒ schnelles Austrocknen wird verhindert

Trenn- und Dämmschicht dürfen bei Verteilung des Estrichmörtels nicht verschoben werden.

Name: ____________ Klasse: ____________ Datum: ____________

12 Herstellen von Estrich

Estrich-konstruktionen, Estrichverlegetechnik

Informieren Sie sich im Lehrbuch, Abschnitte 12.1. … 12.1.4.

1. Vervollständigen Sie nachfolgende Merksätze zu Estricharten und -konstruktionen.

Schwimmende Estriche sind im Wohnungsbau üblich. Sie bieten bei sorgfältiger Ausführung einen guten Schutz gegen die Übertragung von Tritt- und Luftschall. Schwimmende Estriche liegen auf einer stoßabfedernden Dämmschicht. Diese ist zusammen mit der Trennlage so zu verlegen, dass keine Rissbildungen entstehen können. Wie schwimmende Estriche können sich auch Estriche auf Trennschicht auf dem Untergrund frei bewegen und sind von begrenzenden Bauteilen durch Randdämmstreifen und Fugen zu trennen.

2. Für unser Projekt planen wir nun die Verwendung von Fließestrich.

a) Erklären Sie stichwortartig den Fachbegriff Fließestrich.

Werkseitig vorgemischter Trockenmörtel wird in Säcken oder im Silo geliefert; Aufbereitung mit Wasser auf der Baustelle; Pumpen des Estrichs an die Einbaustelle, Einbau mit steifem Besen. Verteilen, Abziehen, Verdichten entfällt („selbstnivellierend")

b) Für die Anwendung von Fließestrich sind folgende Voraussetzungen notwendig:

- laufende Überprüfung der Mörtelkonsistenz (Ausbreitmaß)
- dichte, wannenförmige Ausführung der Trennschicht

c) Fließestriche können i. d. R. zwei Systemen zugeordnet werden. Nennen Sie diese sowie deren Vor- und Nachteile. Überlegen Sie Möglichkeiten für die Verwendung am Projekt.

- Calciumsulfatsystem (Anhydritbasis):

  nachteilig ist seine Feuchteempfindlichkeit, daher keine Anwendung in Feucht-/Nassräumen

  Verwendung am Projekt (Räume): Büroräume, Besprechungsräume

- Zementsystem:

  vorteilhaft ist sein günstiges Schwindverhalten, vielseitig einsetzbar, auch im Dauernassbereich

  Verwendung am Projekt (Räume): WC-Räume, Laborräume, Saal

Name:	Klasse:	Datum:

Informieren Sie sich im Lehrbuch, Abschnitt 12.1.5.

1. a) Weshalb müssen im Estrich **Fugen** angeordnet werden?

Durch Feuchtigkeitsabgabe des Estrichmörtels muss mit Schwinden gerechnet werden, bei Heizestrichen ist die Ausdehnung beim Erwärmen zu berücksichtigen.

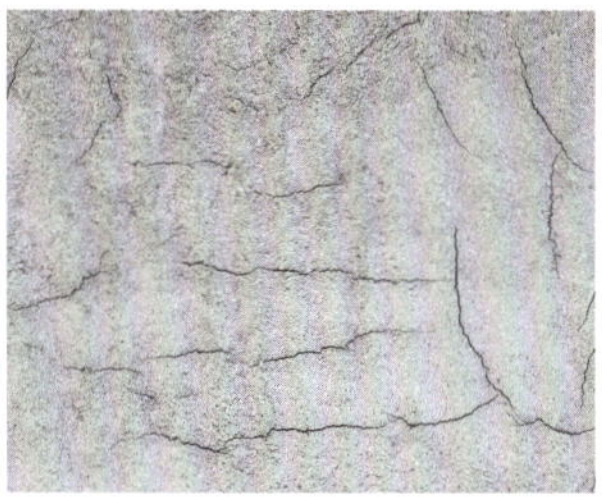

b) Es gibt zwei Möglichkeiten der **Fugenausbildung** bei Estrichen. Nennen und erklären Sie diese.

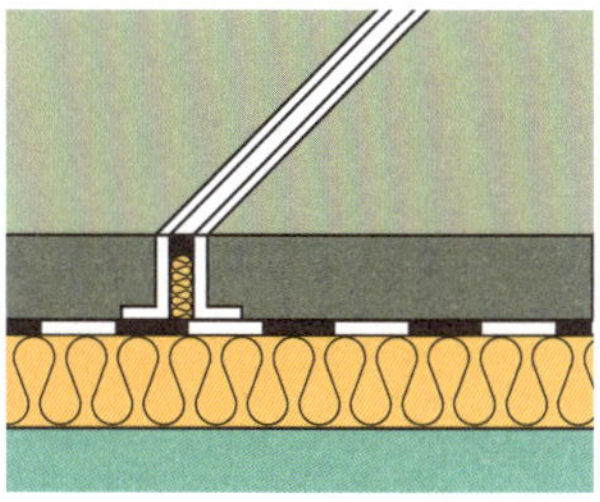

– Dehnungsfuge:

Einbau von Dehnungsfugenprofilen, die den Estrich in Felder (30 … 40 m^2) unterteilen; Fugenbreite etwa 10 mm.

– Scheinfuge:

Kellenschnitt (Schnitttiefe: $\frac{1}{3}$ der Estrichdicke) in den frischen Mörtel. Verhindert unkontrollierte Rissbildung. Nach 28 Tagen durch Kunstharz kraftschlüssig zu schließen.

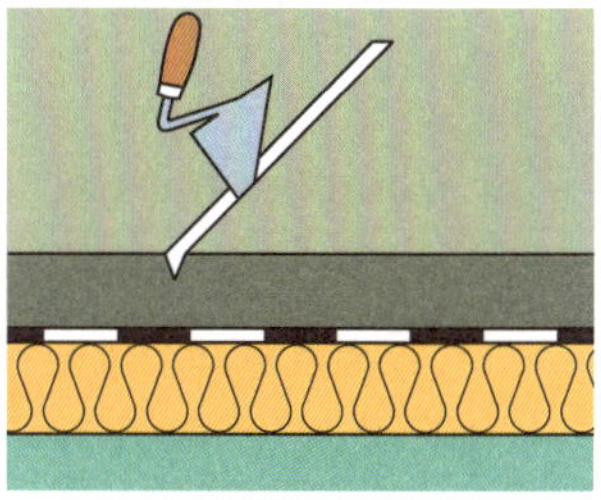

2. Für das **Projekt** Jugendtreff ist für den Bereich des Saales der Estrich zu planen.

a) Machen Sie einen Vorschlag für einen geeigneten Estrich (mit Estrichart, Verlegeart und -technik) und begründen Sie diesen.

Zementestrich (CT) als Estrich auf Dämmschicht (S); Ausführung als Fließestrich (selbstnivellierend) ⇒ schneller Einbau, geringes Schwindmaß, guter Schall-/Wärmeschutz

b) Tragen Sie mit farbigen Stiften in den rechts dargestellten Grundrissausschnitt die Anordnung der notwendigen Fugen ein; Randdämmstreifen: blau; Scheinfuge(n): grün; Dehnungsfuge(n): rot.

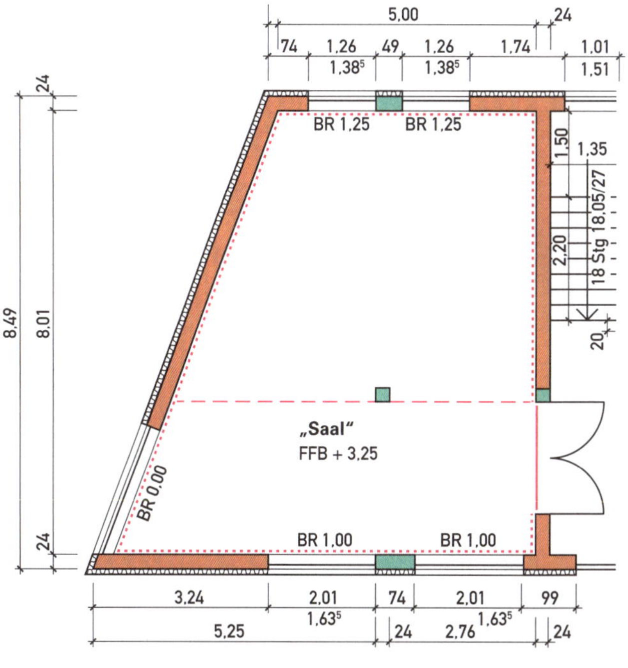

Name:

Klasse:

Datum:

12 Herstellen von Estrich

Schallschutz, Grundbegriffe

Informieren Sie sich im Lehrbuch, Abschnitte 12.2 und 12.2.1.

1. Prinzipiell werden zwei Schallarten unterschieden.

   a) Nennen und erklären Sie diese.

   – Luftschall:

   breitet sich in der Luft aus

   – Körperschall:

   breitet sich in festen Bauteilen aus

   b) Erklären Sie den Fachbegriff „Trittschall".

   Wichtige Art des Körperschalls, der bei Bewegungen auf einer Geschossdecke entsteht und als Luftschall in benachbarte Räume übertragen wird.

   c) Vervollständigen Sie obenstehende Grafik, indem Sie die richtigen Nummern einfügen.

   ① Luftschall ② Körperschall ③ Trittschall

2. Bewerten Sie die dargestellten Oberflächen hinsichtlich ihrer Schallabsorption.

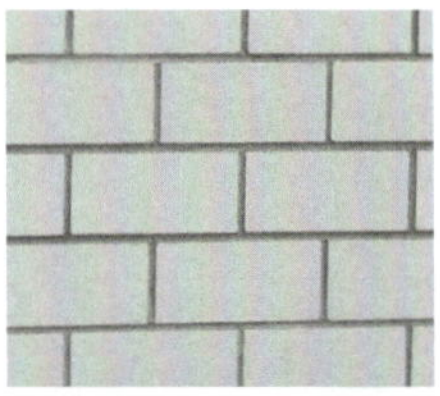

☒ schlecht
○ gut

☒ schlecht
○ gut

○ schlecht
☒ gut

○ schlecht
☒ gut

○ schlecht
☒ gut

☒ schlecht
○ gut

Merke:

Baustoffe mit dichter und glatter Oberfläche haben eine starke Reflexion, einen großen Nachhall, daher eine schlechte Schallschluckung bzw. Schallabsorption. Mit entsprechend gestalteten Oberflächen kann der Nachhall in einem Raum geregelt werden.

Name:	Klasse:	Datum:

12 Herstellen von Estrich

Informieren Sie sich im Lehrbuch, Abschnitt 12.2.2.

Um die Anforderungen an die Luftschalldämmung zu gewährleisten, ist diese auch an unserem Projekt rechnerisch nachzuweisen.

1. a) Erklären Sie das nebenstehende Diagramm und leiten Sie einen Merksatz ab:

Je größer die flächenbezogene Masse einer einschaligen Wand ist,

desto größer ist das Schalldämm-Maß (besser ist die Schalldämmung).

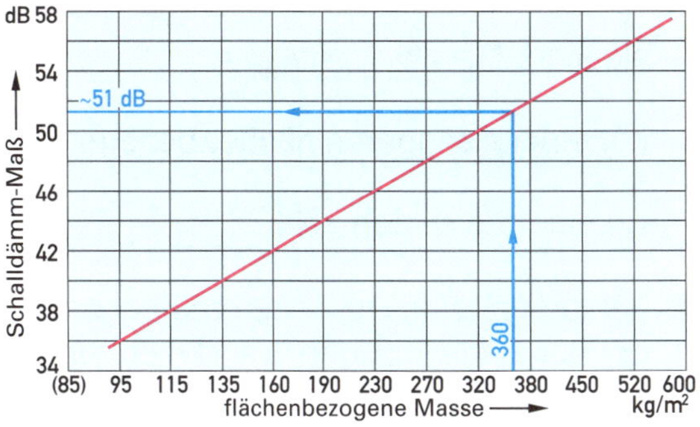

b) Für die einschalige Trennwand ① zwischen Garderobe und Besprechungsraum ist die Luftschalldämmung mithilfe des dargestellten Diagramms zu berechnen.
Für einschalige Trennwände wird ein Mindestwert von ≥ 53 dB gefordert.
Wandaufbau: 24 cm HLzA (HD-Ziegel), Rohdichte 1,8 kg/dm³; beidseitig je 1,5 cm Gipsputz, Rohdichte 1,2 kg/dm³.

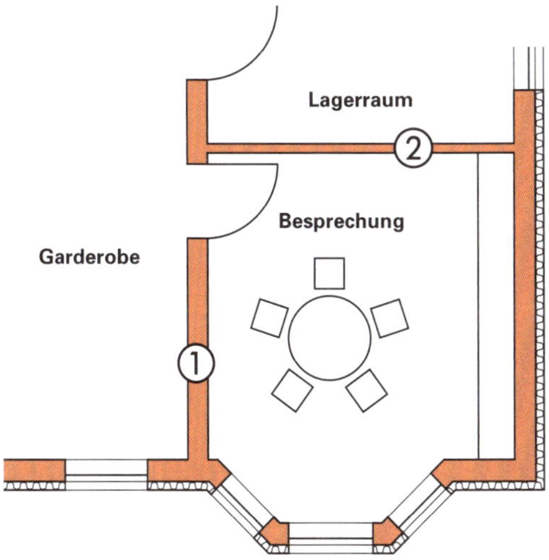

Mauerwerk HLzA $m_1 = 0{,}24\ \text{m} \cdot 1800\ \text{kg/m}^3 = 432\ \text{kg/m}^2$

Gipsputz beidseitig $m_2 = 2 \cdot 0{,}015\ \text{m} \cdot 1200\ \text{kg/m}^3 = 36\ \text{kg/m}^2$

$m = 468\ \text{kg/m}^2$

⇒ Diagramm ablesen: $R = 54\ \text{dB} \geq 53\ \text{dB}$, Schallschutz reicht aus!

c) Berechnen Sie die Luftschalldämmung für die einschalige Trennwand ② zwischen Garderobe und Lagerraum. Geforderter Mindestwert: ≥ 53 dB. Wandaufbau:
DIN 20000-402 – KS 16 – 2,2 – 2 DF; beidseitig je 1 cm Gipsputz, Rohdichte 1,4 kg/dm³.

Mauerwerk KS $m_1 = 0{,}11^5\ \text{m} \cdot 2200\ \text{kg/m}^3 = 253\ \text{kg/m}^2$

Gipsputz beidseitig $m_2 = 2 \cdot 0{,}01\ \text{m} \cdot 1400\ \text{kg/m}^3 = 28\ \text{kg/m}^2$

$m = 281\ \text{kg/m}^2$

⇒ Diagramm ablesen: $R = 48\ \text{dB} \leq 53\ \text{dB}$, Schallschutz reicht **nicht** aus!
⇒ Mauerwerk (Steine) mit höherer Rohdichte bzw. größere Wanddicke wählen.

Name:	Klasse:	Datum:

Informieren Sie sich im Lehrbuch, in den Abschnitten 12.2.2 und 12.2.3.

1. Vervollständigen Sie nachfolgende Merksätze zur Luftschalldämmung.

   Einschalige Bauteile besitzen eine umso bessere Luftschalldämmung, je schwerer sie sind. Bei zweischaligen Bauteilen lässt sich die erforderliche Schalldämmung mit einer geringeren flächenbezogenen Masse erzielen.

   Wichtig! Es dürfen kein Schallbrücken vorhanden sein.

2. Fehlersuche! a) Bei unserem Jugendhaus konnten die Anforderungen an den Schallschutz bei der zweischaligen Wand nicht erfüllt werden. Bennen und nummerieren Sie die möglichen Schallbrücken und ordnen Sie diese den Bereichen der Detailzeichnung zu.

   Lücken in der Dämmschicht

   Mörtelbrücke

   Dämmschicht verschoben

   Pressung

   Durchgehender Ankerstab

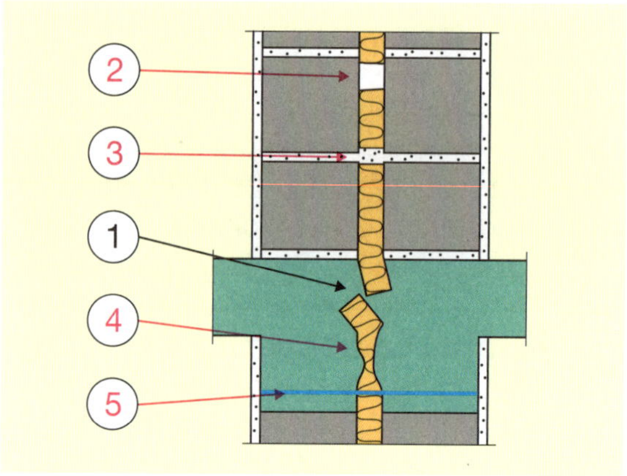

   b) Die Trittschalldämmung des dargestellten Treppenlaufs wurde nicht sorgfältig ausgeführt. Nennen Sie die fehlenden Bauteile und ergänzen Sie diese in der dargestellten Skizze.

   - Hartgummi (Neopren) zwischen Podest und Treppenlauffertigteil
   - Dämmstoff am Wandanschluss

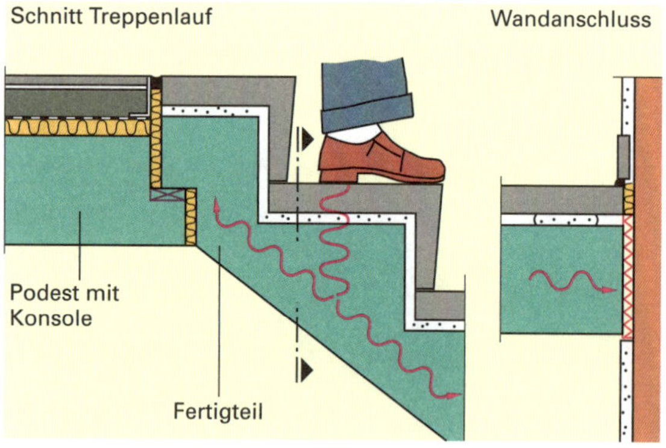

3. Erklären Sie die Bezeichnung „Trittschalldämmung 25/20".

   Die Zusammenpressbarkeit des Trittschalldämmstoffs wird durch die Angabe von zwei Zahlen gekennzeichnet (25 mm unbelastet, 20 mm belastet)

Name: Klasse: Datum:

Informieren Sie sich im Lehrbuch, Abschnitt 12.3.

1. a) Welche Voraussetzungen müssen Dämmstoffe im Bauwesen erfüllen?

Im Bauwesen dürfen nur genormte oder bauaufsichtlich zugelassene Dämmstoffe verwendet werden.

b) Weshalb müssen die Eigenschaften dieser Dämmstoffe deutlich gekennzeichnet sein?

Da einige Dämmstoffe ähnlich aussehen (z. B. siehe Bild, Mineralwolledämmstoffe), aber völlig unterschiedliche Eigenschaften haben, ist die Beachtung der Sicherheits- und Einbauvorschriften zwingend.

2. Im Folgenden ist unser Projekt als Schnittzeichnung dargestellt.

a) Benennen Sie mit den korrekten Kurzzeichen die einzelnen Dämmstoffe am Projekt.

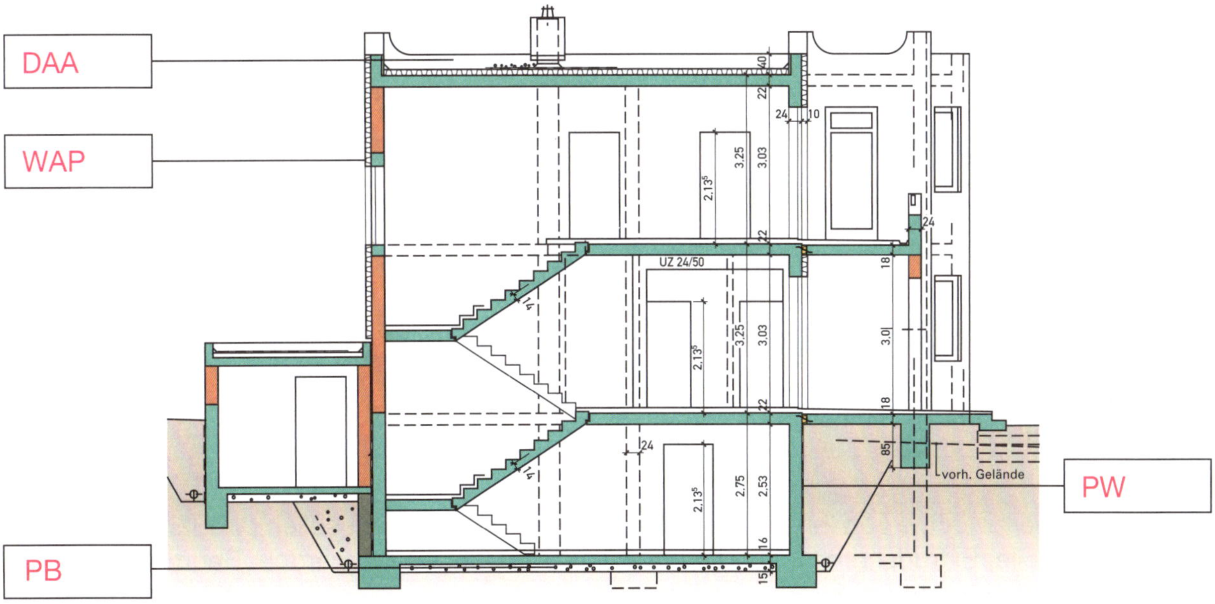

b) Erklären Sie nun die Bedeutung der oben verwendeten Kurzzeichen:

DAA ⇒ Dachaußendämmung

WAP ⇒ Außendämmung der Wand unter Putz

PB ⇒ außen liegende Wärmedämmung unter der Bodenplatte

PW ⇒ außen liegende Wärmedämmung von Wänden gegen Erdreich (Perimeterdämmung)

c) Welche Produkteigenschaft sollte der Dämmstoff des Flachdachs zusätzlich aufweisen? Beschreibung (mit Kurzzeichen):

hohe Druckbelastbarkeit (dh)

Name:	Klasse:	Datum:

12 Herstellen von Estrich

Dämmstoffe II

Informieren Sie sich im Lehrbuch, Abschnitte 12.3 und 12.4.

1. Vergleichen Sie die nachfolgend dargestellten unterschiedlichen Dämmstoffarten, indem Sie die Tabelle vervollständigen.

Bezeichnung	Holzwolle	Mineralwolle	PS-Hartschaum
Kurzzeichen	WW	MW	EPS
Norm	DIN EN 13168	DIN EN 13162	DIN EN 13163
Form	Platten	Platten, Matten, Filze	Platten, Platten mit Falz, Blöcke
Anwendungsbereich am Projekt	Außendämmung für Bauteile aus Beton, schwere Estriche	schwimmende Estriche, Trennwände, Flachdach	Außendämmung der Fassade, Flachdach, Perimeterdämmung
Schallschutz	○	⊗	○
Wärmeschutz	⊗	⊗	⊗

2. a) Der Bauherr möchte von Ihnen eine Beratung. Bei Ihrem Projekt sollen die Dämmstoffe Mineralwolle, Extruderschaum und Holzwolleplatten eingesetzt werden. Beurteilen Sie diese Dämmstoffe hinsichtlich ihrer Umweltfreundlichkeit.

Mineralwolle ⇒ Begrenzte Wiederverwendungsmöglichkeiten, PSA beim Verarbeiten erforderlich

Extruderschaum ⇒ FCKW-haltig; gefährliche Gase bei Brand

Holzwolleplatten ⇒ geringe Einflüsse auf Umwelt; keine gesundheitlichen Risiken

b) Dämmstoffe wie z. B. Schaumglas gewährleisten einerseits einen guten Wärmeschutz, andererseits verursachen sie jedoch hohe Energiekosten bei der Herstellung. Wie kann man diesem Nachteil auf der Baustelle gerecht werden?

Indem diese Dämmstoffe sparsam verbraucht und sortenrein bei der Entsorgung getrennt werden.

Name: ______ Klasse: ______ Datum: ______

12 Herstellen von Estrich

Informieren Sie sich im Lehrbuch, Abschnitte 12.1 … 12.4, oder besser:
Benutzen Sie ihren Kopf!

Die nachfolgenden Fragen gehören zum Gitterrätsel auf der nächsten Seite. Die blau hinterlegten Kästchen ergeben das gesuchte Lösungswort.

Viel Erfolg und Freude beim Lösen!

1. eine Aufgabe von Estrich
2. Estrichart nach DIN EN 13813 mit Kurzzeichen „MA"
3. Estrich, der „sich selbst nivelliert"
4. anderer Begriff für „Fertigteilestrich"
5. mit Ausnahme des Zementestrichs muss der Untergrund folgendermaßen beschaffen sein
6. Estrichkonstruktion, die aus den Schichten: Belag, Estrich, Trennschicht auf Rohdecke besteht
7. wird er beim Herstellen von Estrichen auf Trenn- oder Dämmschicht vergessen, führt dies zu einer Schallbrücke
8. klingt wie ein Tier, wird aber bei der Herstellung von Fließestrich zum Nivellieren benötigt
9. sind bei Estrichfeldern alle 30 m^2 … 40 m^2 anzuordnen
10. diese werden mit der Kelle in den frischen Mörtel eingeschnitten und verhindern die unkontrollierte Rissbildung
11. eine Schallart
12. wird in Dezibel (dB) gemessen
13. eine wichtige Art des Körperschalls
14. ein anderer Begriff für „Schallschluckung"
15. einschalige Wände sind umso besser schalldämmend, je größer ihre ... ist
16. Kurzzeichen für Dachaußendämmung
17. Bezeichnung für eine Dämmung mit Dämmstoffkurzzeichen „DZ"
18. Dämmstoffbezeichnung mit Kurzzeichen „EPS"
19. negativer Einfluss von Schaumglas auf die Umwelt
20. welcher Dämmstoff ist nicht mehr zulässig, da krebserregend?

Name: ______________	Klasse: ______________	Datum: ______________

Ein wichtiger Inhalt von Lernfeld 12 waren ...

ESTRICHKONSTRUKTIONEN

Name: ______ Klasse: ______ Datum: ______

13 Herstellen einer geraden Treppe

Informieren Sie sich im Lehrbuch, Abschnitt 13.1.

1. Ordnen Sie der Treppe die richtigen Begriffe zu.

Lichtwange – Austrittstufe – Treppenlaufbreite – Treppenauge – Steigung – Laufplatte – Antrittstufe – Lauflinie – Podest – Wandwange – Auftritt

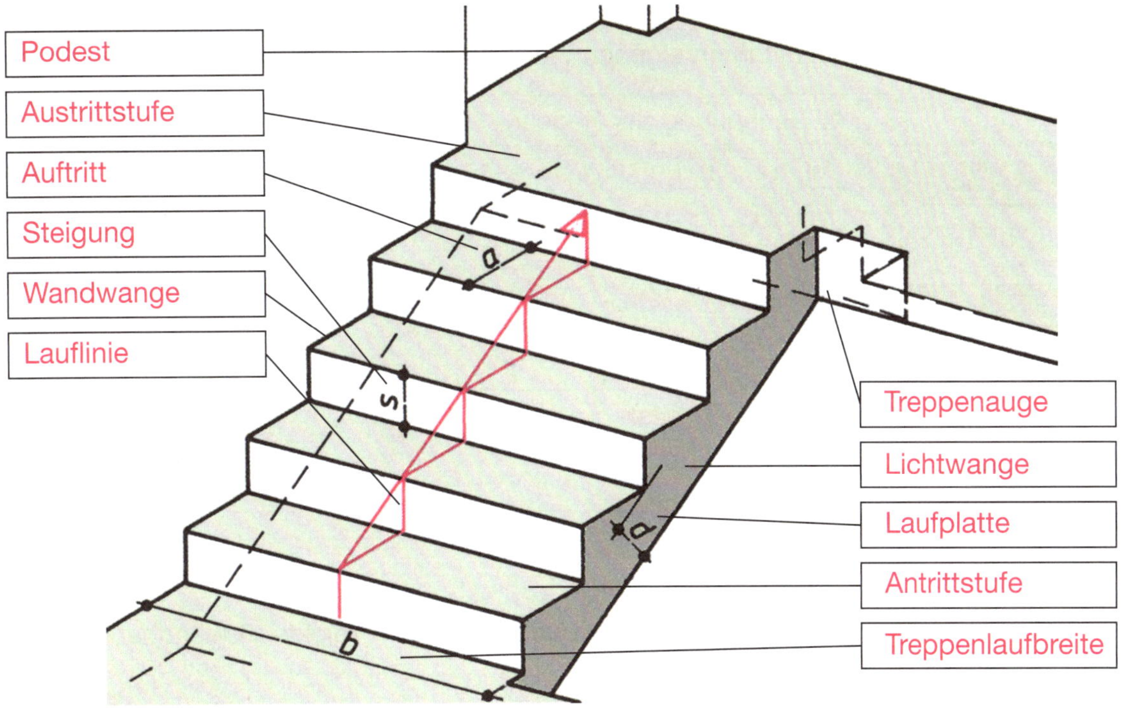

2. Bestimmen Sie für folgende Treppen die Mindestmaße/Maximalmaße nach der DIN 18065.

Treppenart/Bauwerk	nutzbare Treppenlaufbreite (cm)	Steigung (cm)	Auftritt (cm)
Projekt „Jugendtreff“: Haupttreppe im Vorraum	≥ 100 cm	≤ 19 cm	≥ 26 cm
Projekt „Jugendtreff“: Treppe vom Außenbereich zum Raum „Lager, Geräte“ ins Untergeschoss	≥ 50 cm	≤ 21 cm	≥ 21 cm
Einfamilienwohnhaus: Treppe vom Erdgeschoss zu den Kinderzimmern im Dachgeschoss	≥ 80 cm	≤ 20 cm	≥ 23 cm

Name: ____________ Klasse: ____________ Datum: ____________

13 Herstellen einer geraden Treppe

Informieren Sie sich im Lehrbuch, Abschnitt 13.1.

1. Der **Auftritt *a*** und die **Steigung *s*** spielen bei der Planung von Treppen eine wichtige Rolle. In der Tabelle sehen Sie die Formeln für drei wesentliche Treppenregeln. Die Regel in Zeile 1 muss nach DIN 18065 zwingend eingehalten werden.

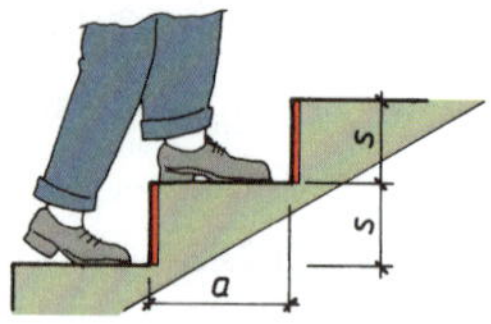

a) Benennen Sie die Treppenregeln.

b) Beschreiben Sie die Regeln mit Ihren eigenen Worten.

		a) Benennung der Regel:	b) Beschreibung der Regel:
1	$a + 2s = 63$ cm $a = 63$ cm $- 2s$	Schrittmaßregel	Maß von zwei Steigungen und einem Auftritt
2	$a + s = 46$ cm $a = 46$ cm $- s$	Sicherheitsregel	Maß von einer Steigung und einem Auftritt
3	$a - s = 12$ cm $a = 12$ cm $+ s$	Bequemlichkeitsregel	ein Auftritt abzüglich einer Steigung

2. Die Treppe vom Untergeschoss (UG) zum Erdgeschoss (EG) des Projekts „Jugendhaus" ist hier im Ausschnitt abgebildet.

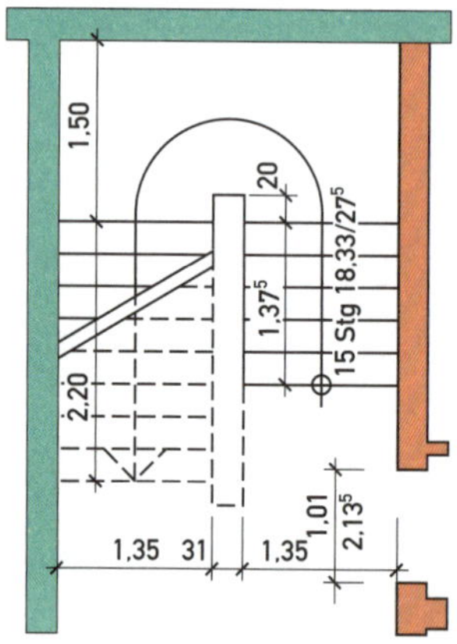

a) Benennen Sie die Treppe nach der Form und Anordnung.

Zweiläufige gegenläufige Treppe mit Zwischenpodest

b) Welche Informationen über die Treppe liefert die Zeichnung?

Anzahl der Steigungen, Steigungshöhe, Auftrittbreite, Treppenlaufbreite

c) Weisen Sie nach, ob die Treppe dem durchschnittlichen Schrittmaß des Menschen angepasst ist.

$2 \cdot 18{,}33$ cm $+ 1 \cdot 27{,}5$ cm $= 64{,}16$ cm

Ja, denn das durchschnittliche Schrittmaß ist 59 … 65 cm.

d) Begründen Sie, weshalb ein Teil der Treppe vom UG zum EG gestrichelt dargestellt ist.

Die Stufen oberhalb der Schnittebene durch das UG kann man nicht mehr sehen.

Name: Klasse: Datum:

13 Herstellen einer geraden Treppe

Informieren Sie sich im Lehrbuch über im Mörtel verlegte Plattenstufen.

a) Erläutern Sie in diesem Zusammenhang den Begriff Unterschneidung.

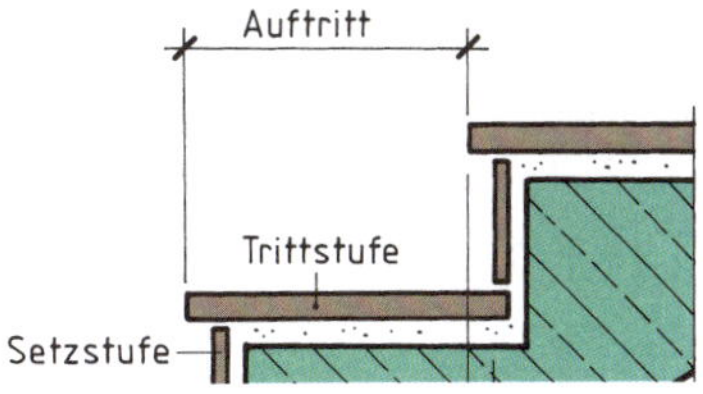

Überstand der Trittstufe über die

Setzstufe

b) Vergleichen Sie die Treppe mit einer Ausführung ohne Unterschneidung. Das Maß der Auftrittbreite soll gleich bleiben. Worin liegt der Vorteil einer Unterschneidung?
Diskutieren Sie Ihre Überlegungen mit Ihrem Nebensitzer/Ihrer Nebensitzerin und formulieren Sie einen Ergebnissatz.

Unterschneidungen vergrößern die nutzbare Auftrittbreite.

Dies ist ein Vorteil bei geringen Auftrittbreiten.

c) Mit welchen Stufenarten (außer den „überschnittenen" Plattenstufen) kann ebenfalls eine Überschneidung ausgeführt werden?
Skizzieren Sie jeweils einen Treppenschnitt (zwei Auftritte, eine Steigung) dieser Stufenart im Maßstab 1:10 mit der geforderten Unterschneidung. Auftritt *a* bzw. Steigung *s* bestimmen Sie mit der Schrittmaßregel.

Stufenart (Bezeichnung):	Angaben:	Skizze der Stufenart 1:10
Keilstufen	Steigung s = 17,5 cm Auftritt a = ? 63 cm – 2 · 17,5 cm = 28 cm	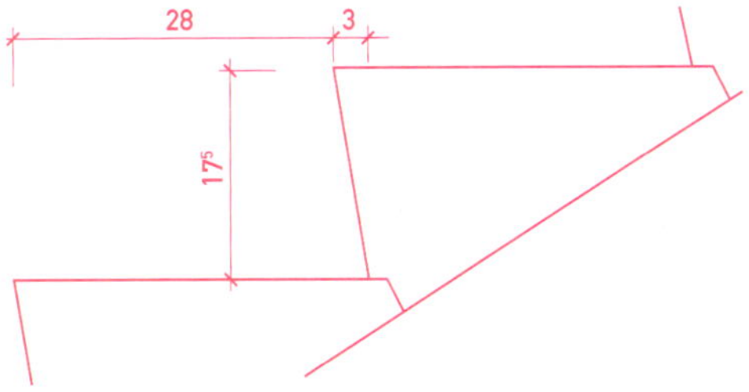 Unterschneidung 3 cm
Winkelstufen	Auftritt a = 29 cm Steigung s = ? 63 cm – 29 cm = 34 cm 34 cm : 2 = 17 cm	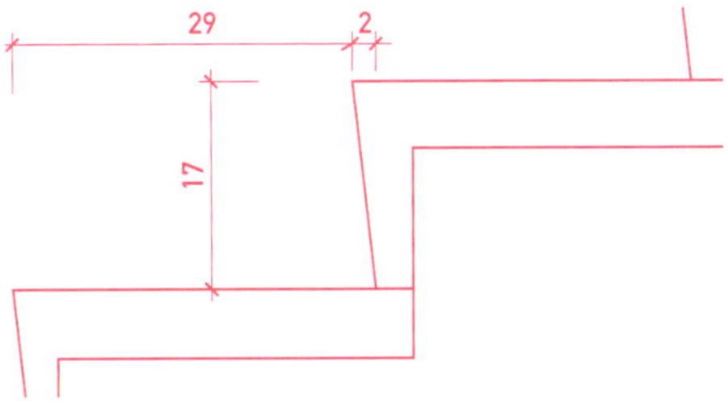 Unterschneidung 2 cm
L-Stufen	Geschosshöhe = 2,80 m Anzahl Steigungen = 17 Auftritt a = ? Steigung s = ? 280 cm : 17 = 16,5 cm 63 cm – 2 · 16,5 cm = 30 cm	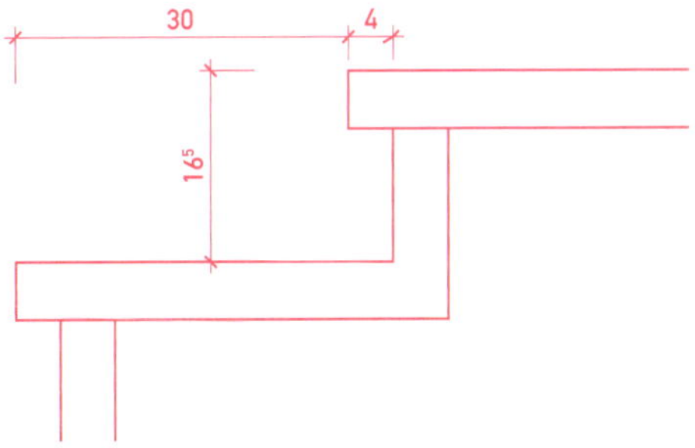 Unterschneidung 4 cm

Name: Klasse: Datum:

13 Herstellen einer geraden Treppe

Fertigteiltreppen und Schallschutz

Informieren Sie sich im Lehrbuch über Stahlbetonfertigteiltreppen, Abschnitt 13.2.5, und den Schallschutz bei Treppen, Abschnitt 13.3.

1. Benennen Sie die dargestellten Stahlbetonfertigteile.

Laufplattentreppe		Laufträgertreppe

- Querbewehrung →
- Podestbalken →
- Lamellen →
- ← Anker
- ← Podestplatte
- ← Krankapazität
- Ortbetonverguss →
- Umbau und Sanierung →

2. Ordnen Sie die Begriffe und Hinweise mit einem Pfeil sinnvoll den abgebildeten Fertigteilen zu.

3. Ergänzen Sie die Skizzen und beschriften Sie die Bauteile, die zur Vermeidung von Trittschallübertragung notwendig sind.

a) beim Treppenauflager am Podest und b) beim seitlichen Wandanschluss der Treppe

a) Treppenauflager

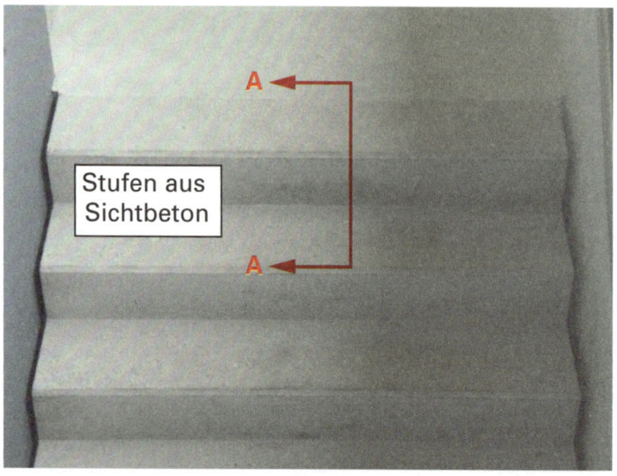

Schnitt A-A am Treppenauflager

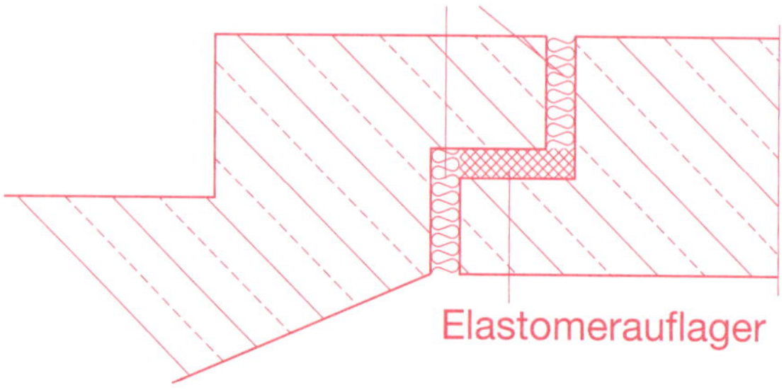

b) Wandanschluss

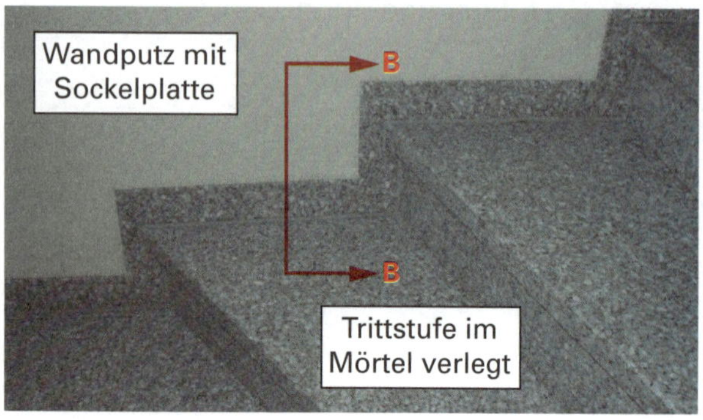

Schnitt B-B am Wandanschluss

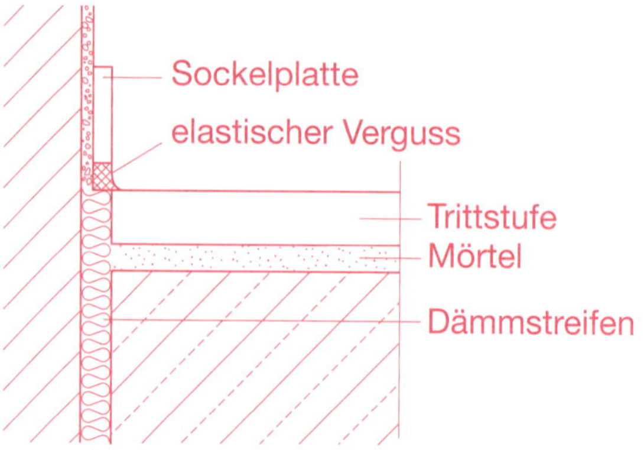

Name: ____________ Klasse: ____________ Datum: ____________

14 Überdecken einer Öffnung mit einem Bogen

Informieren Sie sich im Lehrbuch, Abschnitt 14.1, über die Tragweise von Bögen.

1. Stellen Sie die Kräfte im Bogen und am Auflagerpunkt des Bogens zeichnerisch dar.

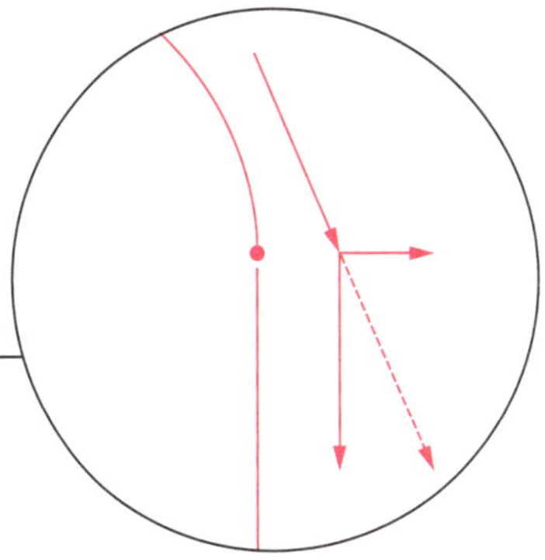

2. Nennen und skizzieren Sie vier weitere Bogenarten Ihrer Wahl.

Segmentbogen	Scheitrechter Sturz	Korbbogen	Spitzbogen
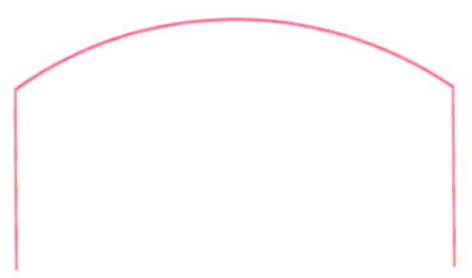 ②	 ①	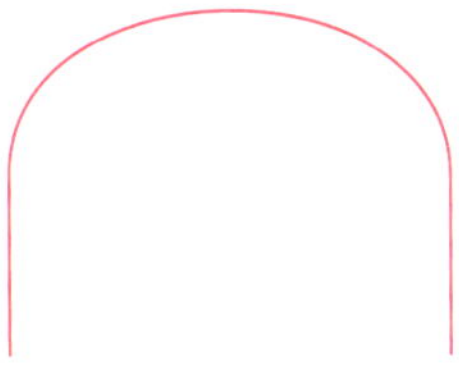 ③	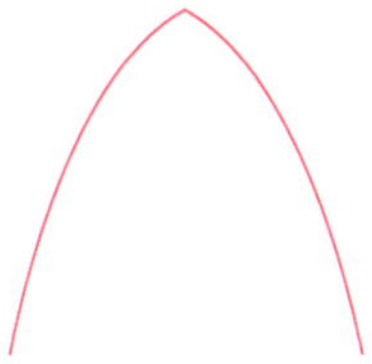 ④

3. Nummerieren Sie Ihre Bogenarten nach der Größe der am Auflager auftretenden Horizontalkräfte: ① große Horizontalkraft ④ geringe Horizontalkraft

4. Vervollständigen Sie die Sätze mit den aufgeführten Wörtern:
Widerlager – größer – breit – Bogenschub – Anfänger – Fugenmörtel – Horizontalkräfte Widerlager – Druck – Mauerecken

Bogenmauerwerk kann nur Druck aufnehmen. Die auftretenden Kräfte werden durch die Bogenform in die Widerlager geleitet. Je flacher der Bogen, umso größer ist am Widerlager die horizontale Kraft. Diese Kraft wird als Bogenschub bezeichnet. Sie wird durch den Fugenmörtel des Mauerwerks aufgenommen. Hierzu muss das an Widerlager und Anfänger anschließende Mauerwerk ausreichend breit sein. Vor allem bei Bögen an Mauerecken ist dies zu berücksichtigen. Bei aneinandergereihten Bögen heben sich die Horizontalkräfte auf.

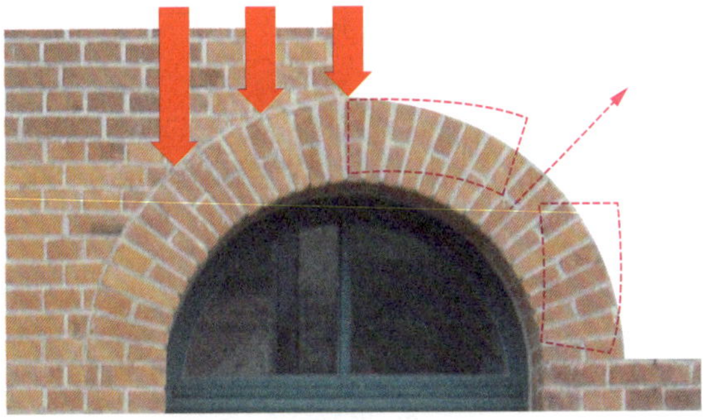

5. Nur diese Belastungen  wirken auf den Bogen:
   a) Beschreiben Sie die Folgen für die Konstruktion.
   Die rechte Bogenhälfte würde ohne Auflast ausknicken.
   b) Stellen Sie die Auswirkungen zeichnerisch im Bild links dar.

Name: ______ Klasse: ______ Datum: ______

14 Überdecken einer Öffnung mit einem Bogen

Rundbogen

Informieren Sie sich im Lehrbuch über Rundbögen und deren Berechnungen.

1. Benennen Sie die gekennzeichneten Bauteile ——►, Punkte ——●, Maße ◄——►.

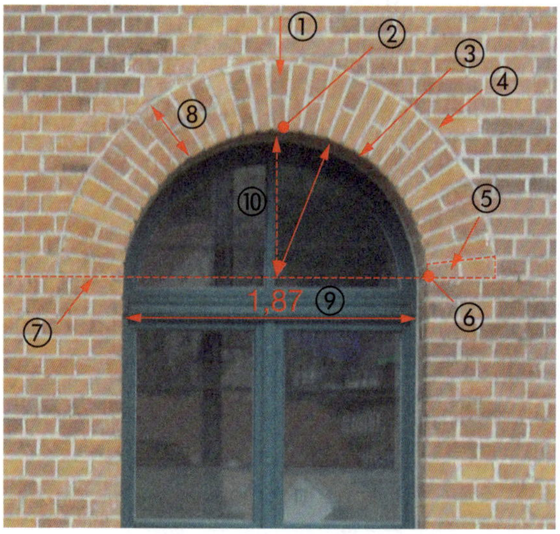

① Schlussstein

② Scheitelpunkt

③ Bogenlaibung

④ Bogenrücken

⑤ Anfänger

⑥ Kämpferpunkt

⑦ Widerlager/Auflager

⑧ Bogendicke

⑨ Spannweite

⑩ Bogenradius

2. Beim dargestellten Bogen sind die Fugen gleichmäßig dick (betrachten Sie das Bild genau).

   – Was bedeutet dies für das Steinformat? Steine müssen konisch sein

   – Ziegel mit diesem Format werden Radialziegel oder Keilsteine genannt.

3. Die Breite der Steinformate beträgt an der Laibung 5,2 cm.
   Berechnen Sie die (gleichmäßige) Dicke der Fugen. Die Spannweite ist 1,87 m.

   Ergebnis:

   Die Fugendicke beträgt 0,57 cm.

Rechnung:

$$b_L = \frac{187\text{ cm} \cdot \pi}{2} = 295\text{ cm}$$

$$n = \frac{295\text{ cm} - 0{,}5\text{ cm}}{5{,}2\text{ cm} + 0{,}5\text{ cm}} = 51{,}6 \rightarrow 51$$

$$F_L = \frac{295\text{ cm} - 51 \cdot 5{,}2\text{ cm}}{51 + 1} = 0{,}57\text{ cm}$$

4. Der Bogen soll nun mit gleich vielen Ziegeln (Format DF), aber keilförmigen Fugen gemauert werden. Ermitteln Sie die Fugendicke am Bogenrücken bei einer Bogendicke von 24 cm. Geht das?

   Ergebnis:

   Die Fugendicke beträgt am Bogenrücken

   2,0 cm und entspricht somit noch der

   maximal zulässigen Breite von 2 cm.

Rechnung:

$$b_R = \frac{(187\text{ cm} + 2 \cdot 24\text{ cm}) \cdot \pi}{2} = 369\text{ cm}$$

$$F_R = \frac{369\text{ cm} - 51 \cdot 5{,}2\text{ cm}}{52} = 2{,}0\text{ cm}$$

Name: ____________ Klasse: ____________ Datum: ____________

14 Überdecken einer Öffnung mit einem Bogen

Informieren Sie sich im Lehrbuch über die Begriffe Sehnen und Tangenten.

1. Sie benötigen folgende Arbeitsmaterialien: Bleistift, Lineal (Maßstab), Zirkel. Bestimmen Sie dann zeichnerisch den Mittelpunkt des Kreises.
   a) durch Konstruktion zweier Sehnen. Verwenden Sie die Farbe Blau.
   b) durch Konstruktion zweier Tangenten. Verwenden Sie die Farbe Rot.

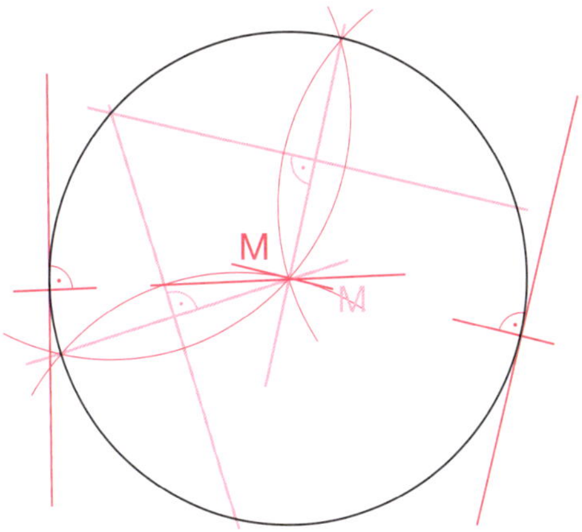

2. Konstruieren Sie einen **Segmentbogen** mit folgenden Abmessungen:

   Stichhöhe h = 2 cm

   Sehne s = 6 cm (ist bereits dargestellt)

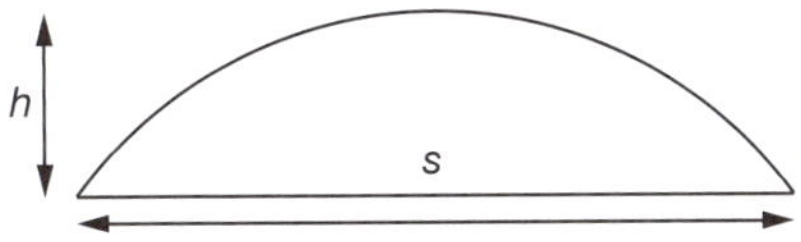

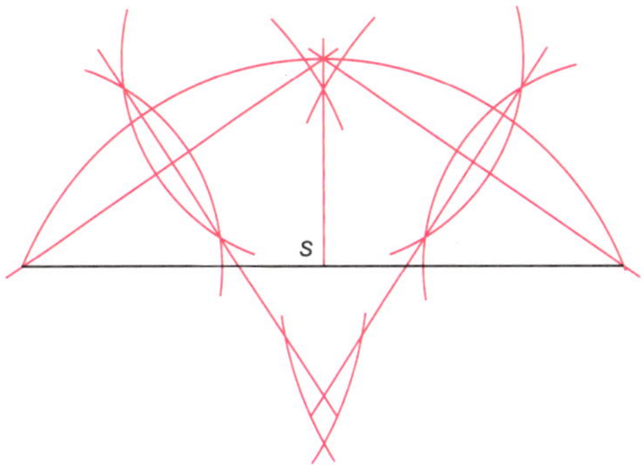

3. Zeichnen Sie einen Segmentbogen im Maßstab 1:20.

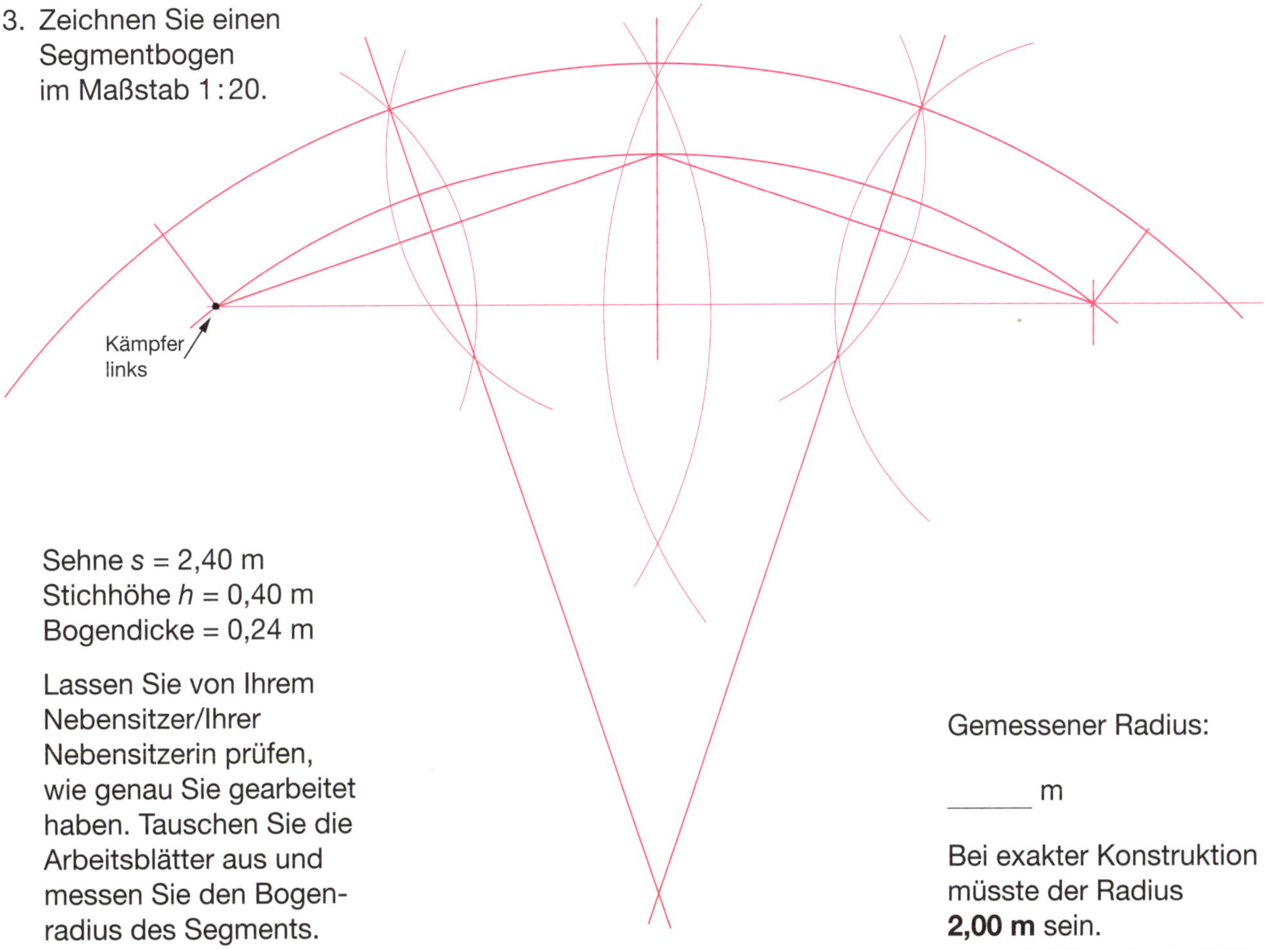

Sehne s = 2,40 m
Stichhöhe h = 0,40 m
Bogendicke = 0,24 m

Lassen Sie von Ihrem Nebensitzer/Ihrer Nebensitzerin prüfen, wie genau Sie gearbeitet haben. Tauschen Sie die Arbeitsblätter aus und messen Sie den Bogenradius des Segments.

Gemessener Radius:

______ m

Bei exakter Konstruktion müsste der Radius **2,00 m** sein.

Name: ______________ Klasse: ______________ Datum: ______________

14 Überdecken einer Öffnung mit einem Bogen

Bogenkonstruktionen II

1. Berechnen Sie beim auf Seite 55 zu zeichnenden Segmentbogen (s = 2,40 m, h = 0,40 m, Bogendicke 24 cm)

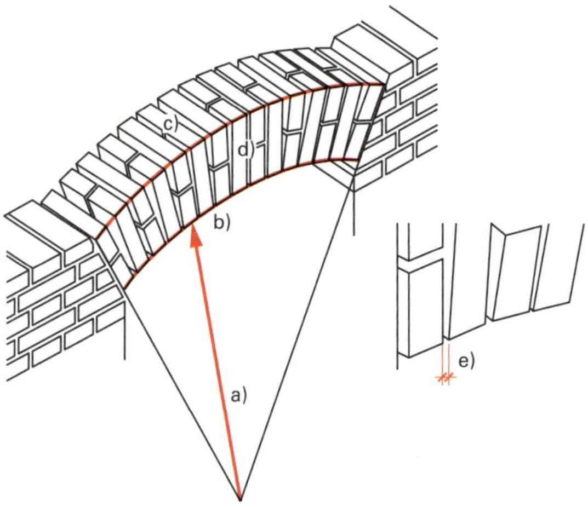

a) den Radius r $\quad r = \frac{h}{2} + \frac{s^2}{8 \cdot h}$

$$r = \frac{0{,}40\text{ m}}{2} + \frac{(2{,}40\text{ m})^2}{8 \cdot 0{,}40\text{ m}} = \underline{2{,}00\text{ m}}$$

b) die Länge der Bogenlaibung b_L

$$b_L = \frac{d \cdot \pi \cdot \alpha}{360°} \Rightarrow \alpha = 74° \text{ da } h = \frac{1}{6}s$$

$$b_L = \frac{4{,}00\text{ m} \cdot \pi \cdot 74°}{360°} = \underline{2{,}58\text{ m}}$$

c) die Länge des Bogenrückens b_R

$$b_R = \frac{(4{,}00\text{ m} + 2 \cdot 0{,}24\text{ m}) \cdot \pi \cdot 74°}{360°} = \underline{2{,}89\text{ m}}$$

d) die Schichtenanzahl n bei Format NF

$$\frac{258\text{ cm} - 0{,}5\text{ cm}}{7{,}1\text{ cm} + 0{,}5\text{ cm}} = 33{,}9 \Rightarrow \underline{33\text{ Schichten}}$$

e) die Fugendicke F_L der Bogenlaibung

$$F_L = \frac{258\text{ cm} - 33 \cdot 7{,}1\text{ cm}}{33 + 1} = \underline{0{,}69\text{ cm}}$$

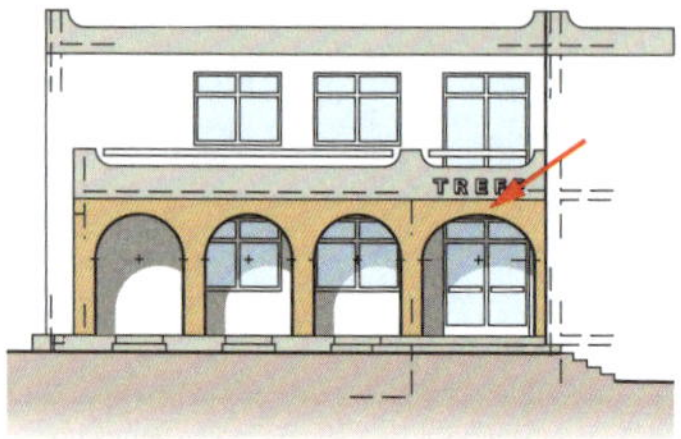

2. Aufgrund von Planungsänderungen soll der Korbbogen im Jugendtreff mit ***h* = 0,8 m** ausgeführt werden. Die Öffnungsbreite (s) bleibt gleich.

a) Benennen Sie die Öffnungsbreite (s) anhand der Planunterlagen im Lehrbuch. $\quad s = 2{,}63^5$ m

b) Konstruieren Sie den Korbbogen im Maßstab 1 : 20. Halten Sie sich an die Anleitung im Lehrbuch, Abschnitt 11.5.2, Bogenkonstruktionen. Der linke Kämpferpunkt ist gegeben.

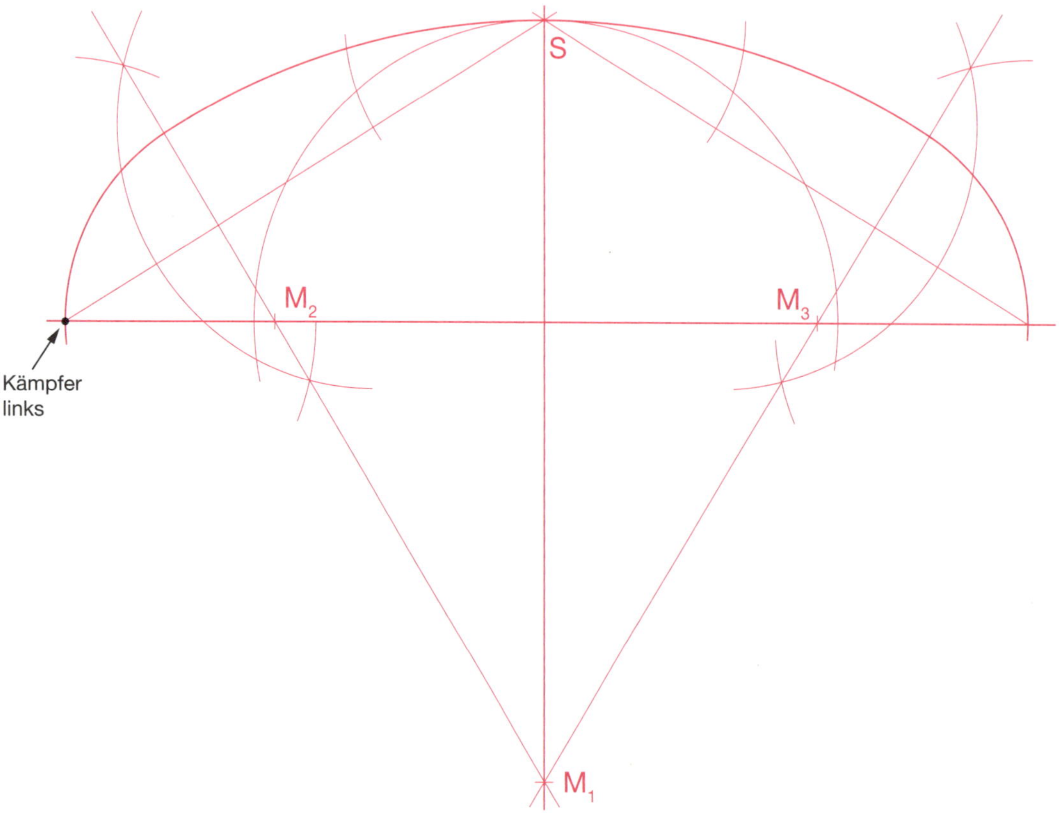

Name: ____________ Klasse: ____________ Datum: ____________

15 Herstellen einer Natursteinmauer

Informieren Sie sich im Lehrbuch, Abschnitt 15.1.

Verbinden Sie die **Erstarrungsgesteine** mit den Begriffen.

Granitporphyr

Granit

Basalt

Ergussgesteine

Tiefengesteine

Ganggesteine

Auswurfgesteine

Trass

Bims

Ordnen Sie den Erstarrungsgesteinen typische Verwendungsmöglichkeiten am Bau zu. Recherchieren Sie auch im Internet.

Erstarrungsgestein	Verwendung am Bau
 Basalt	Splitt; Schotter, Pflasterbeläge, Mosaik, historische Gebäude (Abtei Maria Laach), Denkmäler, Bodenbeläge, Grabmale, Fassadenplatten, Treppenbeläge …
 Granit	Treppenstufen, Bordsteine, Küchenarbeitsplatten, Edelschotter, Bodenbeläge, Terrassen, Straßenpflaster, Rabattensteine, Fassadenplatten, Grabsteine
 Granitporphyr	Pflasterbeläge, Terrassen, Mosaike
 Trass	Portlandkompositzemente, Kompositzemente, Puzzolanzemente
 Bims	Gesteinskörnung für Leichtbeton, Polierstein (Steinmetzhandwerk)

Name: ______ Klasse: ______ Datum: ______

15 Herstellen einer Natursteinmauer

Informieren Sie sich im Lehrbuch, Abschnitt 15.1.

Viel Freude beim Lösen.

senkrecht:

1 Umprägungsgesteine
3 Ablagerungen von Kalk
5 Umprägungsgestein aus Kalk
7 Umprägungsgestein aus Granit
8 Gemenge aus Ton und Sand

waagerecht:

2 ein Mineral
4 Ablagerungsgesteine
6 Ton und Kalk

Lösungswort:

N A T U R S T E I N

Ordnen Sie die Ablagerungs- und Umprägungsgesteine den typischen Verwendungsmöglichkeiten am Bau zu. Recherchieren Sie auch im Internet.

Ablagerungsgesteine	Verwendung am Bau
 Bausandstein	Werksteine, historische Gebäude …
 Muschelkalkstein	Werksteine, Fassadenverkleidungen, Fensterbänke innen, Schotter …
 Travertin	Werksteine, Terrassen, Bodenbeläge, Fassadenplatten …

Umprägungsgesteine	Verwendung am Bau
 Gneis	Terrassen, Schotter …
 Marmor	Fensterbänke, Plastiken, Wandverkleidungen, Bodenbeläge …

Name: Klasse: Datum:

15 Herstellen einer Natursteinmauer

Informieren Sie sich im Lehrbuch, Abschnitt 15.2.

Skizzieren Sie die entsprechenden Natursteinmauerarten und beschreiben Sie ihre wesentlichen Merkmale.

Arten	Merkmale	Skizze
Findlingsmauerwerk	– Herstellung aus Bruchsteinen ohne Mörtel – nur für Stützmauern – Biotop für Kleintiere und Pflanzen	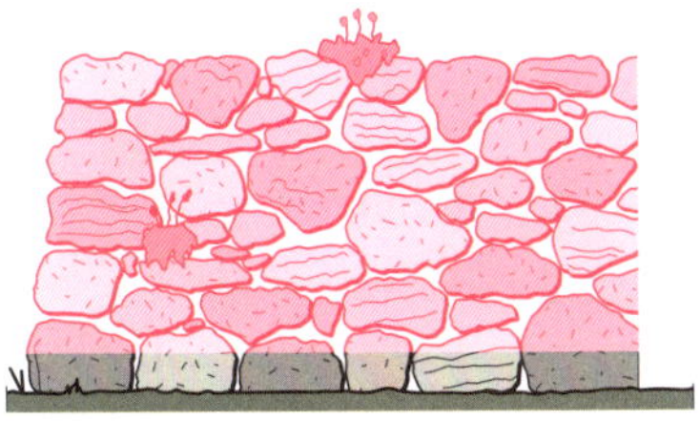
Bruchstein-Schichten-mauerwerk	– Bruchsteine in Mörtel verlegt – unregelmäßiger Verband – überwiegend für Stützmauern – ab 1,50 m Ausgleichsschicht	
Bruchstein-Zyklopen-mauerwerk	– sehr unregelmäßig geformte vieleckige Steine – Fugen verlaufen netzartig – für Stützmauern und Ufer-befestigungen	
Schichtenmauerwerk	– Steine werden an Ort und Stelle zugerichtet – Stoß und Lagerfugen rechtwinklig zueinander – ab 1,50 m Ausgleichsschicht	
unregelmäßiges Schichtenmauerwerk	– Fugen max. 3 cm dick – Stoß- und Lagerfugen rechtwinklig zueinander – ab 1,50 m Ausgleichsschicht – für Stütz- und Gartenmauern	
regelmäßiges Schichtenmauerwerk	– innerhalb einer Schicht die gleiche Schichthöhe – wird nach Versetzplan gefertigt – für Stützmauern, Brückenpfeiler	
Quadermauerwerk	– für höhere Beanspruchung – maßgenaue Steine. – Stoßfugenüberdeckung min. 15 cm – ganze Steintiefe bearbeitet – wirkt regelmäßig – für Natursteinmauerwerk aller Art	

Name: ______________ Klasse: ______________ Datum: ______________

15 Herstellen einer Natursteinmauer

Arten II

Informieren Sie sich im Lehrbuch, Kapitel 15.2.

Ergänzen Sie die Zeichnung

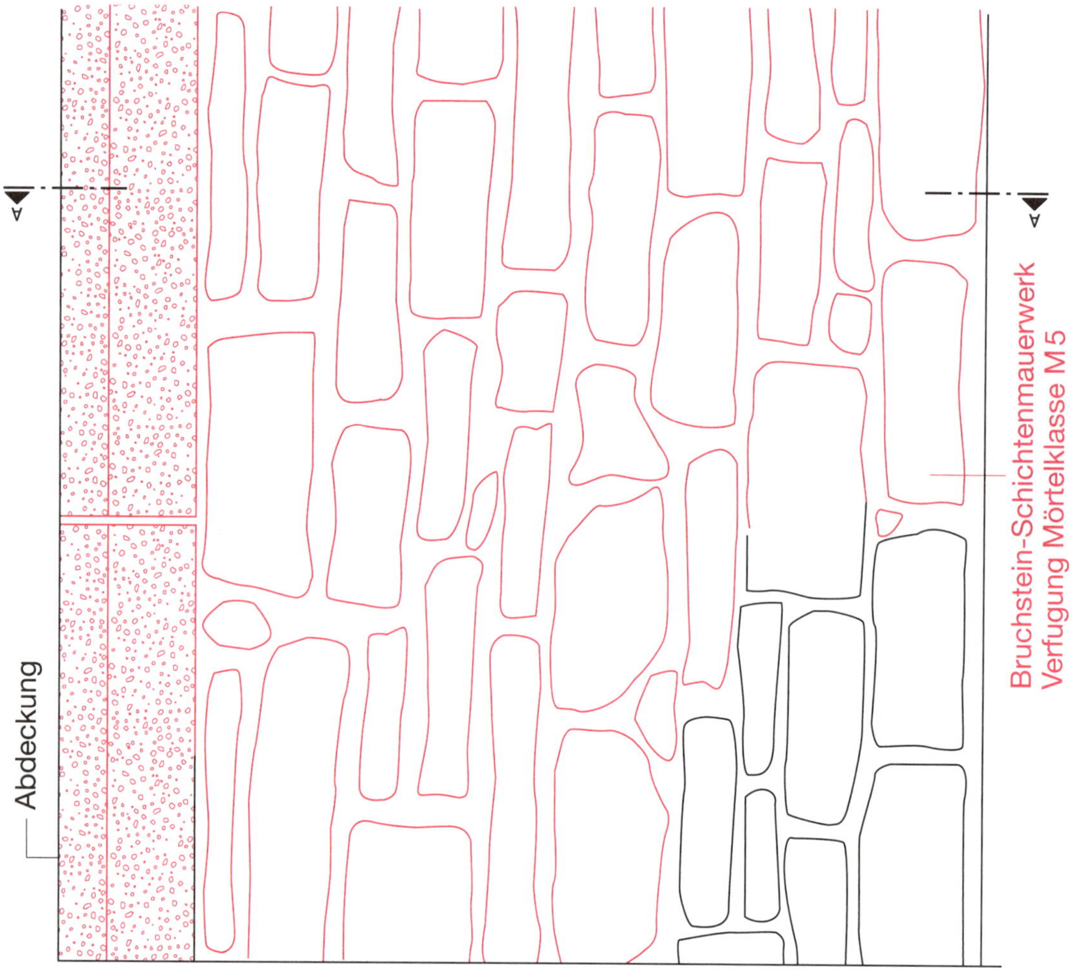

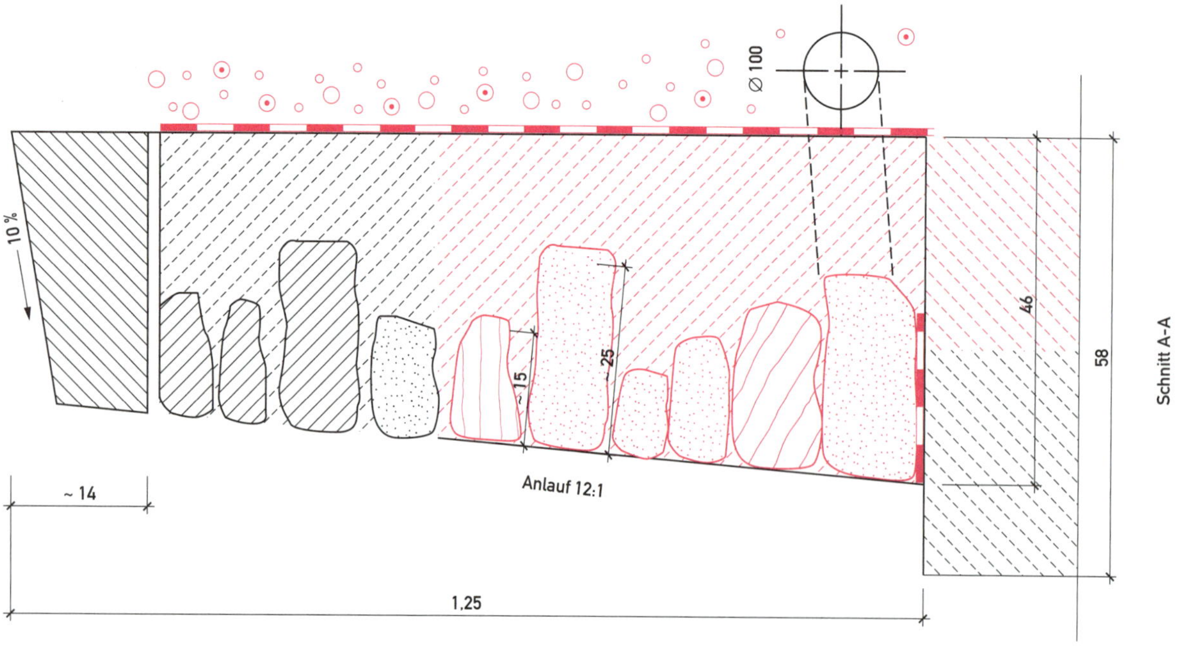

Name: ____________________ Klasse: ____________ Datum: ____________

Informieren Sie sich im Lehrbuch, Abschnitt 16.4.

1. Welche drei grundlegenden Arten von Abgasanlagen werden unterschieden?

Schornstein	Abgasleitung	Luft-Abgas-System

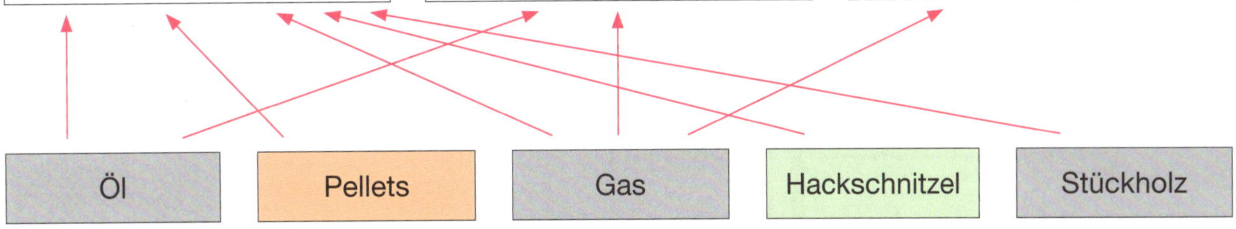

2. Verbinden Sie mit Pfeilen die aufgeführten **Brennstoffe** mit den möglichen **Abgasanlagen**.

3. Kennen Sie die Energieträger Pellets und Hackschnitzel? Erkundigen Sie sich im Internet und verfassen Sie einen kurzen Steckbrief über diese Brennstoffe.

Pellets	Steckbrief	Hackschnitzel	Steckbrief
	zusammengepresste Holzabfälle oder Sägemehl		mit schneidenden Werkzeugen zerkleinertes, minderwertiges Holz

4. Bei der Verbrennung eines Energieträgers (z. B. Heizöl) mit Sauerstoff **(O_2)** entstehen Abgase. Ein unschädliches Abgas ist Wasserdampf. Diesen Vorgang kann man mit den **chemischen Formelzeichen** so beschreiben:

Wasserstoff		Sauerstoff		Wasserdampf	**$2\ H_2O$**
$2\ H_2$	+	**O_2**	→	Energie	
Reaktion/Verbrennung			dabei entsteht		

Ergänzen Sie die chemischen Formelzeichen der weiteren Vorgänge (a) und den Text (b).

a)

Kohlenstoff	C	+	**O_2**	→	Kohlenstoffdioxid	CO_2
Schwefel	S	+	**O_2**	→	Schwefeldioxid	SO_2

b) Die unvollkommene Verbrennung von Kohlenstoff ist lebensgefährlich.

Es entsteht giftiges Kohlenstoffmonoxid.

Ursache der unvollkommenen Verbrennung ist ein Mangel an Sauerstoff.

Das Abgas Kohlenstoffdioxid ist in besonderem Maße für den Treibhauseffekt verantwortlich.

Name: ____________ Klasse: ____________ Datum: ____________

16 Mauern besonderer Bauteile

Abgasanlagen II

1. Bezeichnen Sie die im Schnitt dargestellten Bestandteile eines Schornsteines.

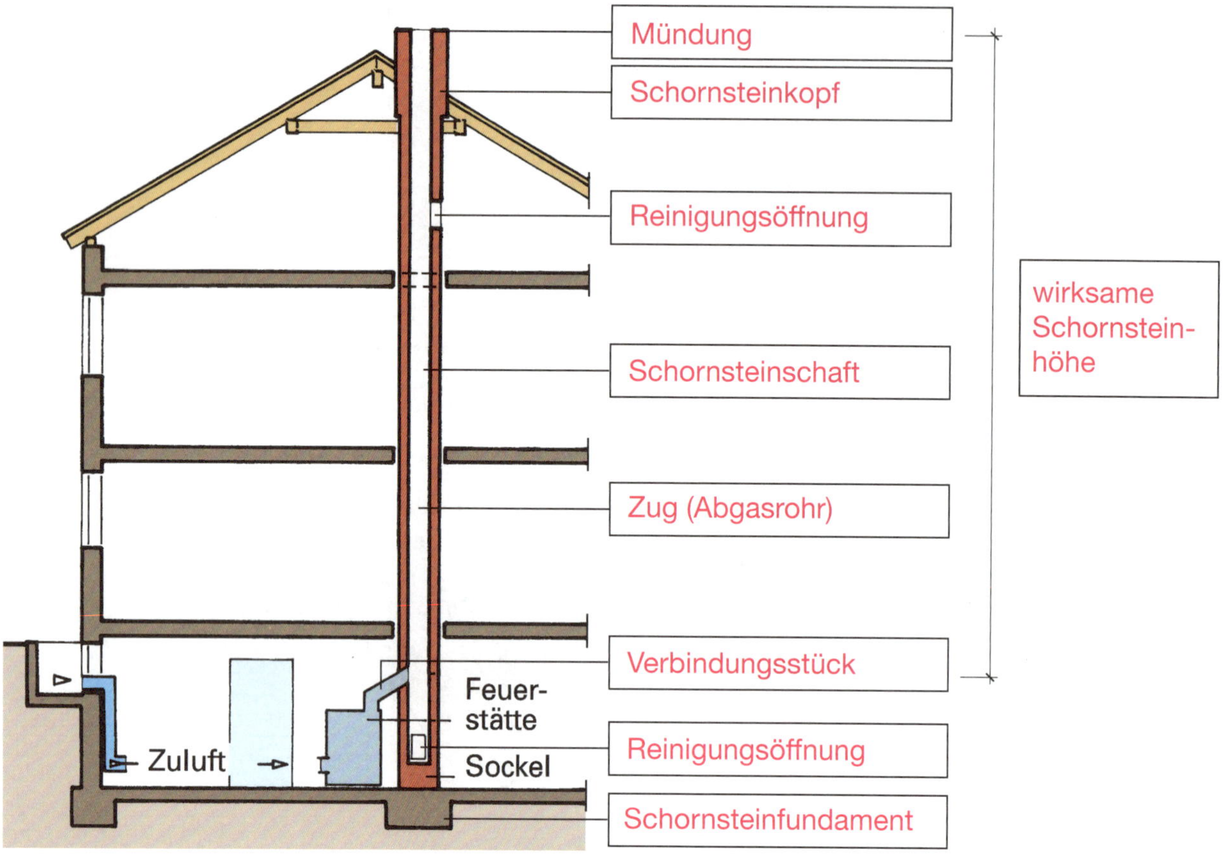

Abb. 1

2. Nur durch das Nachströmen von kalter Außenluft können die warmen Abgase durch Auftrieb über den Schornstein entweichen.

   Dieser Auftrieb wird Schornsteinzug genannt.

3. Kennzeichnen Sie den Verlauf
   - des Abgases (rote Pfeile)
   - der Verbrennungsluft (blaue Pfeile)

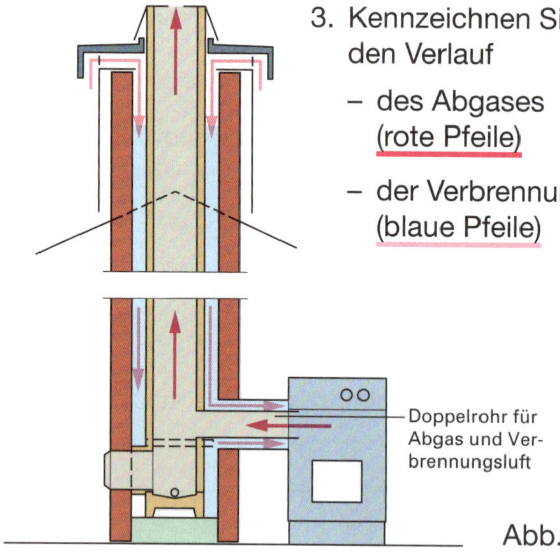

Abb. 2

4. Nennen Sie die Möglichkeiten der Außenluftversorgung von Feuerungsanlagen anhand der Abbildungen 1 und 2.

   Abb. 1: ▶ Fenster oder Zuluftkanal

   Abb. 2: ▶ über Luft-Abgas-System

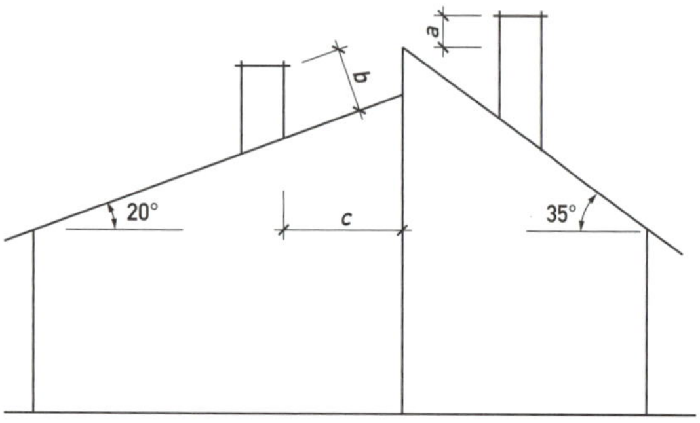

5. Benennen Sie die notwendigen Mindestmaße:

   a: ≥ 40 cm *b*: ≥ 1,00 m *c*: ≥ 1,50 m

Name: Klasse: Datum:

1. a) Berechnen Sie die notwendige Gesamthöhe des Schornsteins.

   b) Bestimmen Sie die sich ergebende wirksame Schornsteinhöhe.

   c) Bemaßen Sie die wirksame Schornsteinhöhe und die Gesamthöhe des Schornsteines (im grau hinterlegten Bereich links des Schnittes).

   d) Im Erdgeschoss wird ein Kachelofen (gestrichelt) eingebaut. Bestimmen Sie die neue Gesamthöhe des Schornsteins und verlängern Sie den Schornstein zeichnerisch.

c) Bemaßung

d)

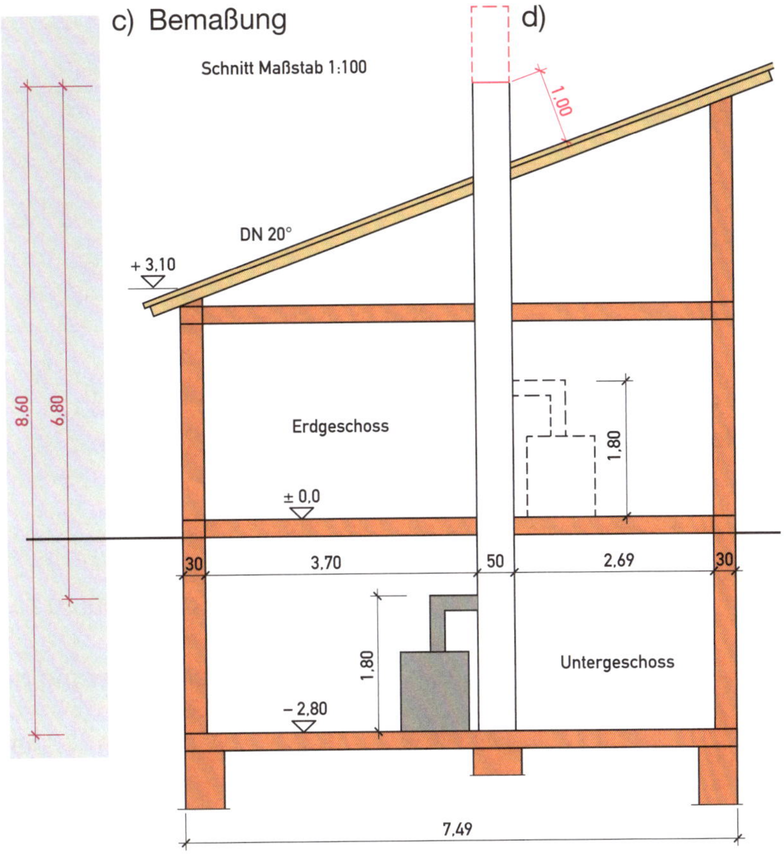

a) $H_1 = 3{,}10\ \text{m} + 2{,}80\ \text{m} =$ **$5{,}90\ \text{m}$**

Berechnung H_2:

$\tan\alpha = \frac{GK}{AK} = \frac{H_2}{AK}$

$H_2 = \tan 20° \cdot 4{,}50\ \text{m} =$ **$1{,}64\ \text{m}$**

Berechnung H_3:

$\cos\alpha = \frac{AK}{Hyp} = \frac{1{,}00\ \text{m}}{H_3}$

$H_3 = \frac{1{,}00\ \text{m}}{\cos 20°} =$ **$1{,}06\ \text{m}$**

$H_{ges} =$ **$8{,}60\ \text{m}$**

b) $8{,}60\ \text{m} - 1{,}80\ \text{m} =$ **$6{,}80\ \text{m}$**

d) $H = 2{,}80\ \text{m} + 1{,}80\ \text{m} + 5{,}00\ \text{m} =$ **$9{,}60\ \text{m}$**

2. Sind die Aussagen richtig oder falsch? (Kreuzen Sie an.)

richtig	falsch	
○	⊗	Die wirksame Schornsteinhöhe ist der Abstand zwischen Zuluftöffnung und Schornsteinmündung.
⊗	○	Schornsteine funktionieren im Winter besser als im Sommer.
○	⊗	Je niedriger die Abgastemperatur, umso besser der Schornsteinzug.
○	⊗	Der Luftdruck spielt beim Schornsteinzug keine Rolle.
○	⊗	Warme Verbrennungsluft dehnt sich aus. Dadurch erhöht sich der Druck.
⊗	○	Gase bewegen sich immer dann, wenn Druckunterschiede vorhanden sind.
○	⊗	Bei sogenannten Luft-Abgas-Systemen (LAS) muss zwingend im Heizraum ein Fenster als mögliche Zuluftöffnung vorgesehen werden.

Name: ____________ Klasse: ____________ Datum: ____________

1. Beim Mauern von einschaligen Kaminen, sei es aus kleinformatigen Mauersteinen oder aus Formstücken, müssen bestimmte Ausführungsregeln eingehalten werden.

   Beurteilen Sie die Kaminhälften, indem Sie a) die Ausführung beschreiben und b) die Folgen der Ausführung erläutern.

   a) Ausführung
   unebene Schornstein-
   innenfläche

   b) Folgen
   schlechte Abgasströmung
   durch Reibungswiderstand
   und Wirbelbildung

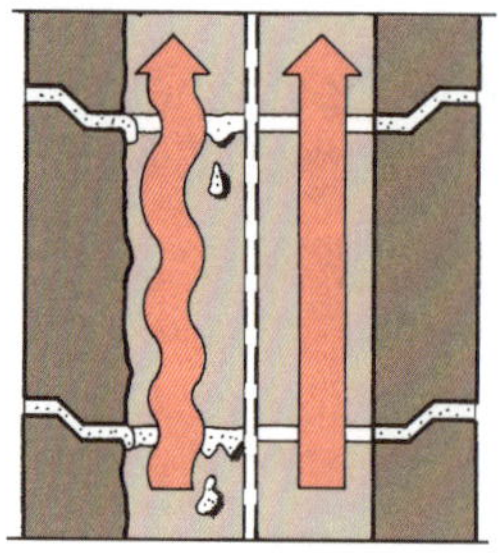

   a) Ausführung
   ebene, glatte Schornstein-
   innenfläche

   b) Folgen
   gute Abgasströmung

2. Beschreiben Sie die Wirkung des fehlerhaften Schornsteins, indem Sie die Lückentexte vervollständigen.

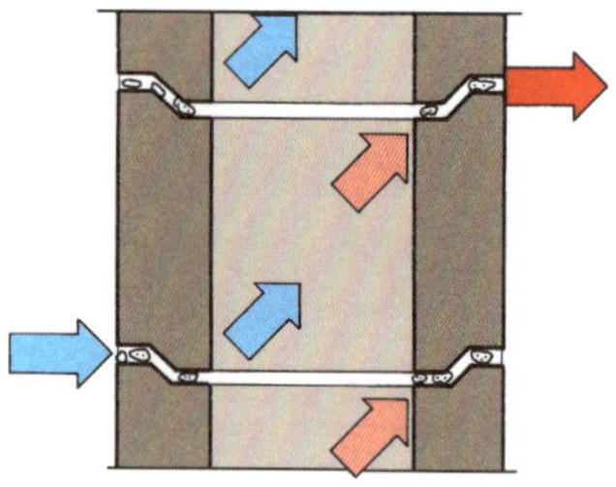

Durch die Lagerfugen kann Falschluft in den Schornstein eintreten. Zum anderen kann Abgas entweichen. Dies führt zu einer Minderung des Schornsteinzuges. Die Lagerfugen müssen deshalb vollflächig vermörtelt werden.

> Generell gilt: Die Innenflächen des Schornsteinzuges müssen glatt und eben sein.

Bei Schornsteinen führt ungenügende Wärmedämmung zu vermehrter Kondensation. Das heißt, dass sich der vorhandene Wasserdampf in Form von Tropfen an der Schornsteininnenwand niederschlägt. Dies führt zur Durchfeuchtung der Schornsteininnenwand. Man spricht in diesem Zusammenhang auch von Versottung.

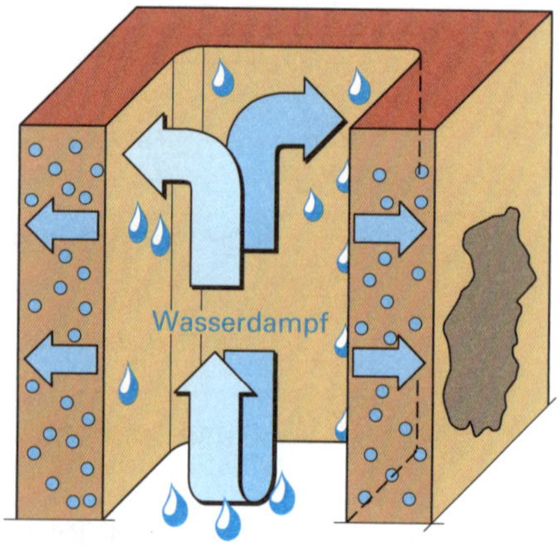

Name:	Klasse:	Datum:

1. Angenommen, Sie hätten die Wahl zwischen zwei auf dem Markt verfügbaren Schornsteinen.
Für welchen würden Sie sich entscheiden?
(Kreuzen Sie an und begründen Sie Ihre Entscheidung.)

○

⊗

Begründung:
runder Querschnitt ist strömungstechnisch
günstiger

Sind auch rechteckige Querschnitte für Schornsteine möglich?
Fertigen Sie eine Skizze mit den wichtigsten Angaben hierzu.

Skizze

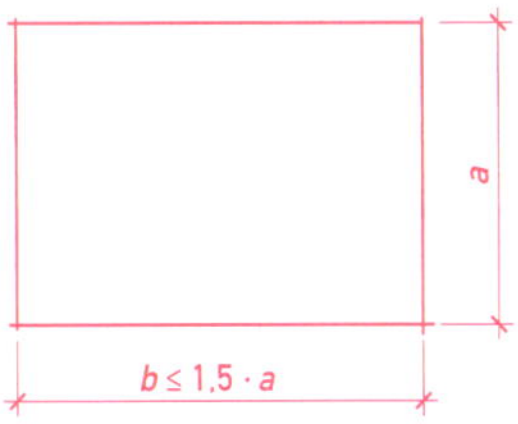

2. Beschriften Sie die Bauteile/Bestandteile 1 bis 5 des dreischaligen Schornsteines.

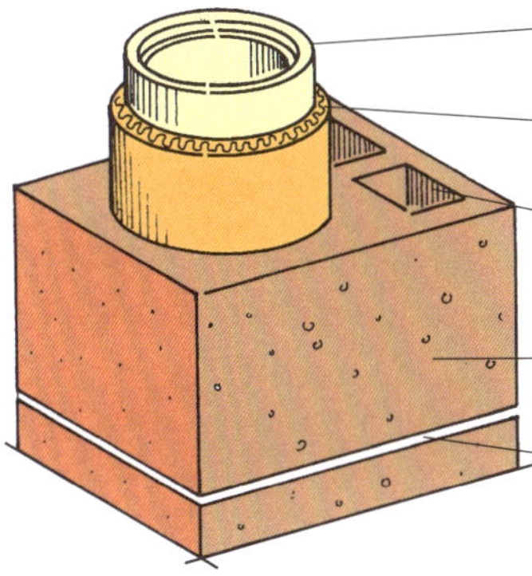

1 Innenschale
2 Dämmschale
3 Lüftung (Zuluft)
4 Mantelstein
5 Lagerfuge

3. Nennen Sie gängige Materialen für die Bauteile:

1 Schamotte
2 Mineralwolle
3 Leichtbeton

4. Welche Eigenschaften müssen die Materialien aufweisen? (pro – eine Eigenschaft)

	Bauteil 1	Bauteil 2	Bauteil 4
Eigenschaft(en)	– feuchteunempfindlich – säurebeständig – hitzebeständig	– hohe Wärmedämmung	– leicht – formstabil

Name: ______ Klasse: ______ Datum: ______

1. Ergänzen Sie die Tabelle durch die fehlenden Skizzen und die fehlenden Bezeichnungen.

Beispiel zweizügig, einschalig, quadratisch	einzügig, dreischalig, rund	zweizügig, rund, dreischalig mit Hinterlüftung, mit Schacht	einzügig, rund, dreischalig mit Hinterlüftung
	Skizze 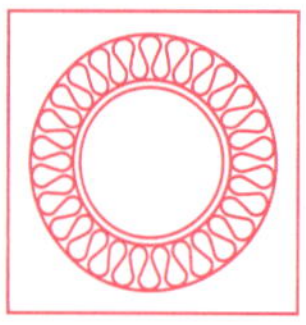		Skizze 

2. Für die Wandecke ist ein dreischaliger Schornstein geplant. Fertigen Sie eine exakte Querschnittszeichnung im Maßstab 1:5. Informieren Sie sich über den notwendigen Wandabstand.

Angaben:
- runder Querschnitt
- Schamotterohr, Dicke 3 cm
- Ummantelung 8 cm an der schmalsten Stelle
- Durchmesser 16 cm
- Wärmedämmung, Dicke 6 cm

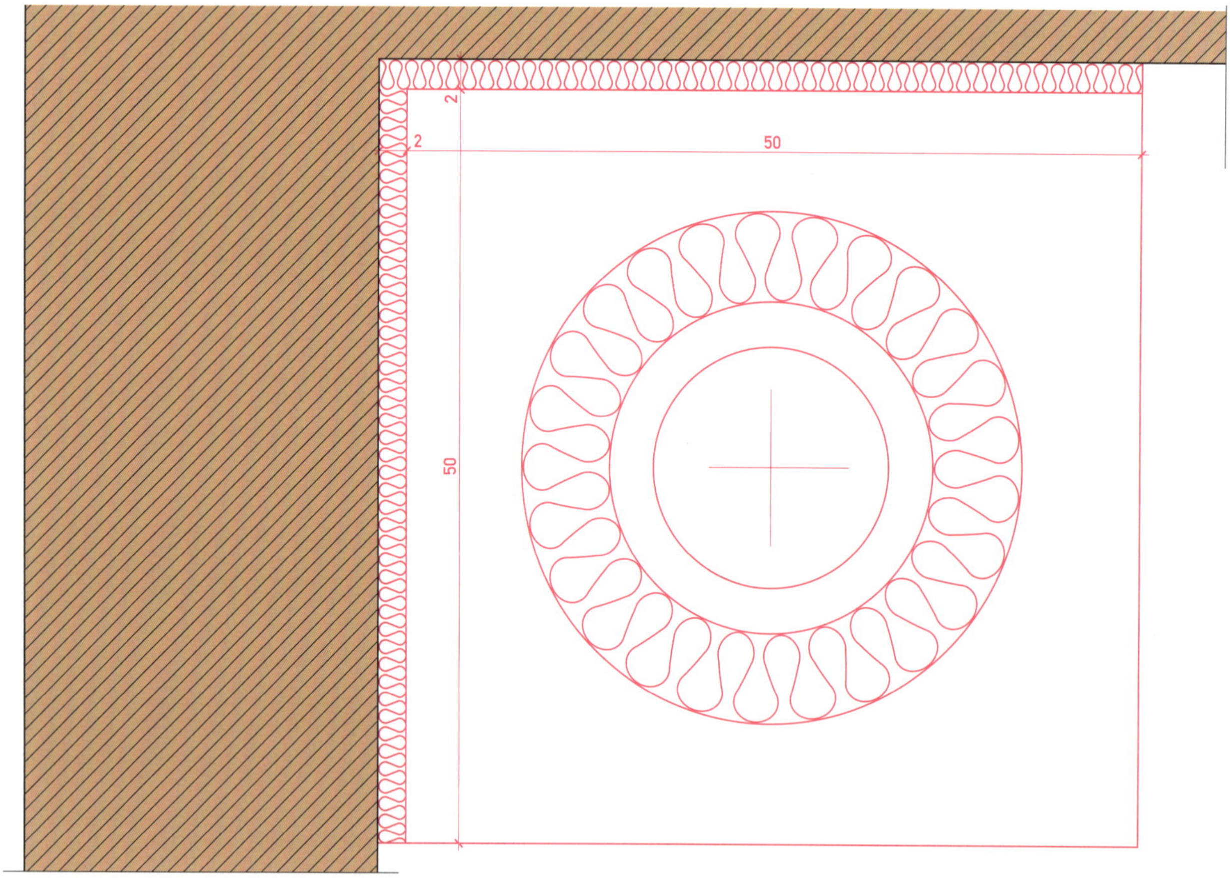

Bemaßen Sie die Außenabmessungen des Schornsteins. Berechnen Sie hierzu die Außenmaße und überprüfen Sie die Genauigkeit Ihrer Zeichnung.

errechnetes Außenmaß: 50 cm

entspricht auf Ihrer Zeichnung: 10 cm

tatsächlich von Ihnen gezeichnet: ______ cm

Name: ______ Klasse: ______ Datum: ______

16 Mauern besonderer Bauteile

1. Fertigen Sie mit der Erlaubnis des Eigentümers eine Bestandsaufnahme eines gemauerten Schornsteins.

Bestandsaufnahme gemauerter Schornstein — Blatt 1

Einführung

Bestimmt gibt es auch in Ihrem persönlichen Umfeld, sei es zuhause, bei Freunden oder Verwandten, einen für Sie zugänglichen Schornstein, der die Verbrennungsgase einer Feuerstätte über Dach ins Freie führt.

Vor der Bestandsaufnahme

Folgende Materialen müssen Sie mitnehmen:

- Arbeitsheft mit Formular (Blatt 2)
- Bleistift und Radiergummi
- Schlüssel für Putztür
- Meterstab
- Digitalkamera (Fotohandy)
- evtl. kleiner Taschenspiegel

Während der Bestandsaufnahme

Formular ausfüllen und ankreuzen.

Fotografieren Sie den Schornstein:

- Schornstein mit Putztür und Verbindungsstück
- Schornsteinzug von innen (mit Blitzlicht, nur möglich bei geöffneter Putztür)

Achtung:
Verschließen Sie die Putztür gewissenhaft im Beisein des Eigentümers!

Nach der Bestandsaufnahme

Drucken Sie die Digitalfotos aus und kleben Sie sie auf die im Formular vorgegebene Stelle.

Bilden Sie Gruppen von bis zu 4 Personen. Vergleichen Sie die Schornsteine unter folgenden Fragestellungen:

- Gibt es auffallende Übereinstimmungen?
- Wurden Schäden oder Mängel erkannt? Wenn ja, welche?
- Sind Ihnen Besonderheiten aufgefallen?

Informieren Sie Ihre Gruppenmitglieder.

Alternativ: Informieren Sie in einem Kurzvortrag Ihre Gruppenmitglieder über Ihre Bestandsaufnahme.

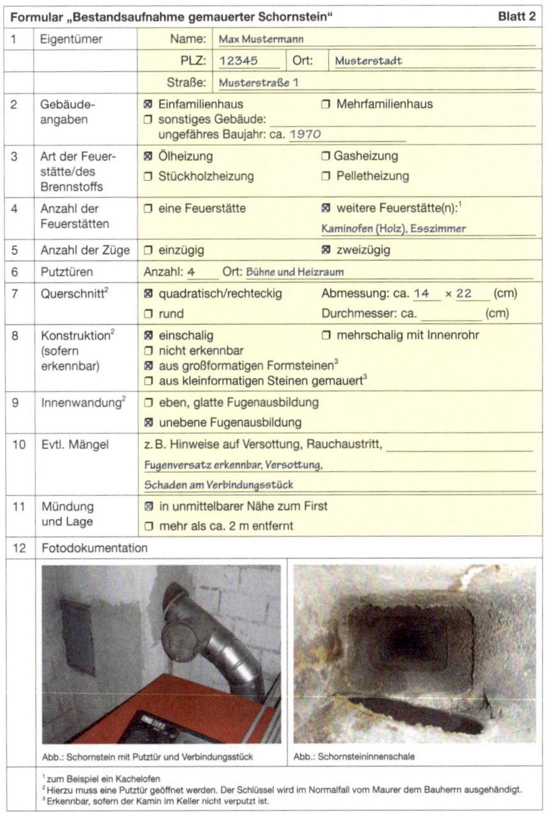

Formular „Bestandsaufnahme gemauerter Schornstein" — Blatt 2

1	Eigentümer	Name: Max Mustermann PLZ: 12345 Ort: Musterstadt Straße: Musterstraße 1
2	Gebäudeangaben	☒ Einfamilienhaus ☐ Mehrfamilienhaus ☐ sonstiges Gebäude: ______ ungefähres Baujahr: ca. 1970
3	Art der Feuerstätte/des Brennstoffs	☒ Ölheizung ☐ Gasheizung ☐ Stückholzheizung ☐ Pelletheizung
4	Anzahl der Feuerstätten	☐ eine Feuerstätte ☒ weitere Feuerstätte(n):[1] Kaminofen (Holz), Esszimmer
5	Anzahl der Züge	☐ einzügig ☒ zweizügig
6	Putztüren	Anzahl: 4 Ort: Bühne und Heizraum
7	Querschnitt[2]	☒ quadratisch/rechteckig Abmessung: ca. 14 × 22 (cm) ☐ rund Durchmesser: ca. ______ (cm)
8	Konstruktion[2] (sofern erkennbar)	☒ einschalig ☐ mehrschalig mit Innenrohr ☐ nicht erkennbar ☒ aus großformatigen Formsteinen[3] ☐ aus kleinformatigen Steinen gemauert[3]
9	Innenwandung[2]	☐ eben, glatte Fugenausbildung ☒ unebene Fugenausbildung
10	Evtl. Mängel	z. B. Hinweise auf Versottung, Rauchaustritt, ______ Fugenversatz erkennbar, Versottung, Schaden am Verbindungsstück
11	Mündung und Lage	☒ in unmittelbarer Nähe zum First ☐ mehr als ca. 2 m entfernt
12	Fotodokumentation	Abb.: Schornstein mit Putztür und Verbindungsstück Abb.: Schornsteininnenschale

[1] zum Beispiel ein Kachelofen
[2] Hierzu muss eine Putztür geöffnet werden. Der Schlüssel wird im Normalfall vom Maurer dem Bauherrn ausgehändigt.
[3] Erkennbar, sofern der Kamin im Keller nicht verputzt ist.

Name: ______ Klasse: ______ Datum: ______

Formular „Bestandsaufnahme gemauerter Schornstein" — Blatt 2

1	Eigentümer	Name: ____
		PLZ: ____ Ort: ____
		Straße: ____
2	Gebäudeangaben	❐ Einfamilienhaus ❐ Mehrfamilienhaus ❐ sonstiges Gebäude: ____ ungefähres Baujahr: ca. ____
3	Art der Feuerstätte/des Brennstoffs	❐ Ölheizung ❐ Gasheizung ❐ Stückholzheizung ❐ Pelletheizung
4	Anzahl der Feuerstätten	❐ eine Feuerstätte ❐ weitere Feuerstätte(n):[1] ____
5	Anzahl der Züge	❐ einzügig ❐ zweizügig
6	Putztüren	Anzahl: ____ Ort: ____
7	Querschnitt[2]	❐ quadratisch/rechteckig Abmessung: ca. ____ × ____ (cm) ❐ rund Durchmesser: ca. ____ (cm)
8	Konstruktion[2] (sofern erkennbar)	❐ einschalig ❐ mehrschalig mit Innenrohr ❐ nicht erkennbar ❐ aus großformatigen Formsteinen[3] ❐ aus kleinformatigen Steinen gemauert[3]
9	Innenwandung[2]	❐ eben, glatte Fugenausbildung ❐ unebene Fugenausbildung
10	Evtl. Mängel	z. B. Hinweise auf Versottung, Rauchaustritt, ____ ____ ____
11	Mündung und Lage	❐ in unmittelbarer Nähe zum First ❐ mehr als ca. 2 m entfernt
12	Fotodokumentation	

Abb.: Schornstein mit Putztür und Verbindungsstück

Abb.: Schornsteininnenschale

[1] zum Beispiel ein Kachelofen
[2] Hierzu muss eine Putztür geöffnet werden. Der Schlüssel wird im Normalfall vom Maurer dem Bauherrn ausgehändigt.
[3] Erkennbar, sofern der Kamin im Keller nicht verputzt ist.

Name: ____ Klasse: ____ Datum: ____

17 Instandsetzen und Sanieren eines Bauteils

Informieren Sie sich im Lehrbuch, Abschnitt 17.1.2, und nutzen Sie ein Lexikon oder das Internet. Präsentieren Sie Ihre Ergebnisse vor der Klasse.

1. a) Beschreiben Sie stichwortartig die Entwicklung der romanischen Bauweise (ca. 800 – 1250)

Nach der Völkerwanderung kam es in Deutschland im 8. Jahrhundert zur Ausbreitung der massiven Bauweise. Anwendungsgebiete waren zuerst der Burgenbau, etwas später die Pfalzbauten (Aachen und Wimpfen).

b) Bevorzugte Raumform der Romanik war die Basilika.
Beschreiben Sie diese Raumform und benennen Sie die Bestandteile im Grundriss.

Beschreibung der Raumform:
Der Grundriss der Basilika gleicht einem Kreuz mit erhöhtem Mittelschiff, Querschiff und Chor sowie den beiden schmalen und niedrigen Seitenschiffen. Mauerwerk muss Druck- und Zugkräfte des Daches aufnehmen.

- Apsis
- Chor
- Querschiff
- Seitenschiffe
- Mittelschiff
- Westturm

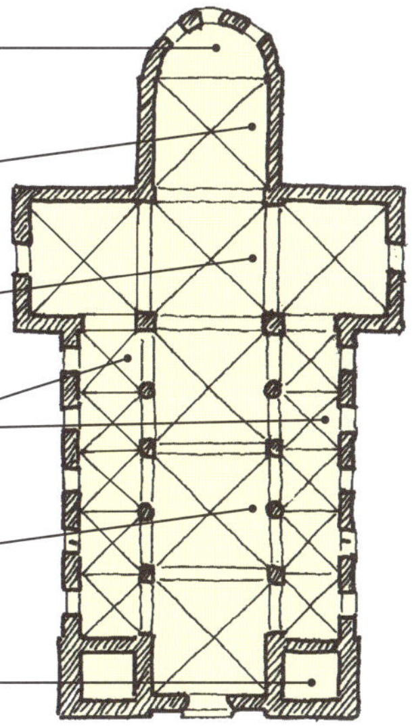

2. a) Welchen Gesamteindruck vermitteln romanische Bauwerke?

Romanische Bauwerke wirken durch ihre Größe und Erdenschwere massig, wuchtig und dunkel. Viele Turmgruppierungen, einfache schmucklose Fassaden, im Innern der Bauwerke herrscht strenge Gliederung vor.

b) Nennen Sie die für die Romanik kennzeichnenden Stilelemente.

- massive Mauern, kleine Öffnungen
- mit Rundbogen überdeckte Fenster, Tore
- gedrungene Säulen und Pfeiler
- einfache, schmucklose Kapitelle
- Tonnen- und Kreuzgewölbe

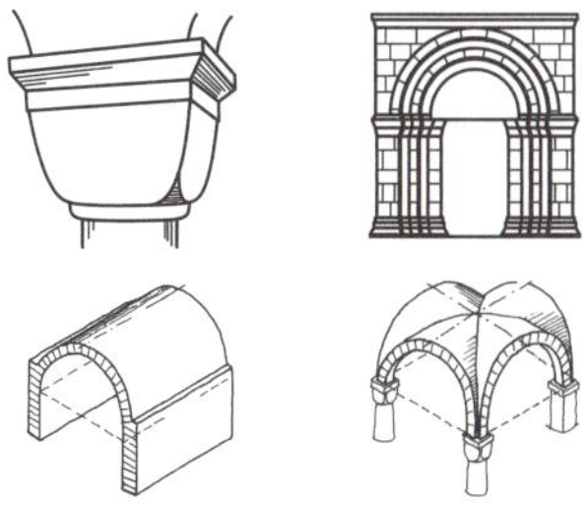

Typische Bauwerke der Romanik:
Dome in Speyer, Worms, Mainz, Limburg; Klosterkirche Alpirsbach

Name:	Klasse:	Datum:

17 Instandsetzen und Sanieren eines Bauteils

Gotik

Informieren Sie sich im Lehrbuch, Abschnitt 17.1.3, und nutzen Sie ein Lexikon oder das Internet. Präsentieren Sie Ihre Ergebnisse vor der Klasse.

1. Wo und wodurch entwickelte sich die gotische Bauweise?
   (ca. 1250 – 1530)

   In Frankreich begann man schon früh, die massigen Mauerflächen in Pfeiler und Stützen aufzulösen. Es entwickelten sich Gerüst- und Skelettbauten mit tragenden Konstruktionsgliedern, deren Öffnungen mit farbigen Glasfenstern gefüllt wurden. Im Gegensatz zur Romanik, in der die Außenwände die Bauwerkslasten abtragen, übernehmen in der Gotik Pfeiler und Strebewerk diese Funktion und ermöglichen damit große Glasflächen in den Wandbauteilen.

2. a) Welchen Gesamteindruck vermitteln gotische Bauwerke?

   Bestimmend für gotische Bauwerke ist die aufwärts strebende Linie, daher wirken gotische Kirchen elegant und schwerelos. Der Innenraum ist durch die Vielzahl hoher Fenster lichtdurchflutet.

   b) Benennen Sie die für die Gotik kennzeichnenden Stilelemente in nebenstehender perspektivischer Schnittskizze.

   c) Erklären Sie die Funktionsweise des „Strebewerks“ und zeichnen Sie mit roten Pfeilen die Richtung der Lastabtragung ein.

   Besteht aus Strebemauer, Strebepfeiler und -bogen; leitet die Lasten der Gewölbebogen ins Fundament.

- Schlussstein
- Fiale
- Kreuzrippe
- Gurtbogen
- Strebebogen
- Strebepfeiler
- Obergaden
- Untergaden

3. Benennen Sie die weiteren Stilelemente und nennen Sie typische Bauwerke der Gotik.

Rundfenster (Rosetten)
→ Westfassade

Spitzbogenfenster mit feinem Maßwerk

Bauwerke der Gotik:

Münster in Ulm, Freiburg, Straßburg; Stiftskirche Stuttgart

Name:	Klasse:	Datum:

17 Instandsetzen und Sanieren eines Bauteils

Informieren Sie sich im Lehrbuch, Abschnitt 17.1.4, und nutzen Sie ein Lexikon oder das Internet. Präsentieren Sie Ihre Ergebnisse vor der Klasse.

1. Wo und wodurch entwickelte sich die Bauweise der Renaissance?
(ca. 1530 – 1600)

Die Baukunst der Renaissance hat ihren Ursprung in Italien.
Renaissance bedeutet „Wiedergeburt“ der römischen Antike.
Neben den Kirchenbau trat gleich bedeutend der Profanbau.

2. Welchen Gesamteindruck vermitteln Renaissancebauwerke?

klar gegliederte Bauwerke, Betonung der waagerechten Linie; in ihrer Gesamtheit und durch ihre Gestaltungselemente strahlen die Gebäude Ruhe, Harmonie und Gleichgewicht aus.

3. a) Benennen Sie die für die Renaissance kennzeichnenden Stilelemente in nebenstehender Fassadenskizze.

- Dachgesims
- antike Säulen
- Geschossgesims
- Rundbogenfenster
- Balustrade
- Sockelgeschoss (Rustikamauerwerk)

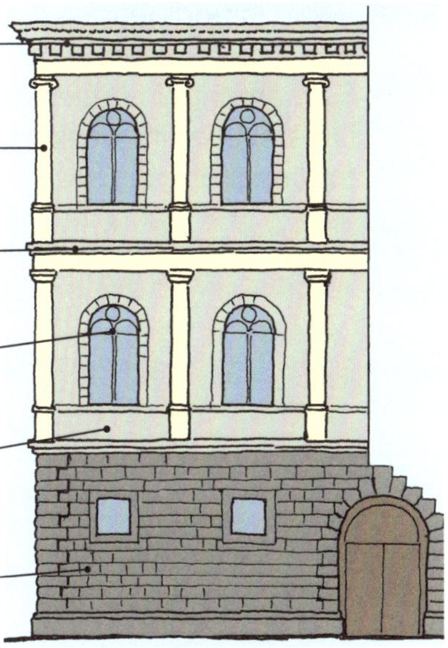

b) Beschreiben Sie die Wirkung der weiteren Stilelemente der Renaissance.

Starke, plastische Durchbildung der Fassade, belebt mit Stilelementen antiker Art; Gesimse; Die Fenster und Türen werden mit dreieckigen oder halbrunden Giebeln geschmückt.

c) Bedeutende Bauwerke der Renaissance sind:
Heidelberger Schloss, Altes Schloss in Stuttgart, Rathaus in Augsburg

Name: ______ Klasse: ______ Datum: ______

17 Instandsetzen und Sanieren eines Bauteils

Barock

Informieren Sie sich im Lehrbuch, Abschnitt 17.1.5, und nutzen Sie ein Lexikon oder das Internet. Präsentieren Sie Ihre Ergebnisse vor der Klasse.

1. Wodurch entwickelte sich die Bauweise des Barock?
   (ca. 1600 – 1800)
   Ursprung dieser Bauweise war zunächst Italien, nach dem Dreißigjährigen Krieg entwickelte sich diese auch in Deutschland; großer Formenreichtum; Begriff Barock bedeutet „schiefe Perle“, im übertragenen Sinn „sonderbar, lächerlich“

2. Welchen Gesamteindruck vermitteln Bauwerke des Barock?
   Im Gegensatz zur strengen Gliederung der Renaissance, entwickelten sich nun bewegte und geschwungene Formen und üppige Dekorationen mit überquellender Pracht (Goldauftrag, Stuckverzierungen, Plastiken).

3. a) Vervollständigen Sie die für den Barock kennzeichnenden Stilelemente in nebenstehender Darstellung am Beispiel der Frauenkirche in Dresden.

Zwiebelturmhelm mit Laterne

horizontale Gesimse

Dreiecksgiebel

prunkvolle Fenster

   b) Nennen Sie die weiteren Stilelemente des Barock.
   Gliederung der Geschosse durch stark profilierte, oft verkröpfte Gesimse, waagerecht gegliedert. Besondere Zierstücke sind Treppen und Treppenhäuser. Die Wand erhält geschwungene Formen, Fenster stark abgesetzt und teilweise gewölbt.

   c) Bedeutende Bauwerke des Barock sind:
   Schloss Ludwigsburg, Kloster Ottobeuren, Zwinger in Dresden

Name:	Klasse:	Datum:

Klassizismus

17 Instandsetzen und Sanieren eines Bauteils

Informieren Sie sich im Lehrbuch, Abschnitte 17.1.1, 17.1.6, 17.1.7, und nutzen Sie ein Lexikon oder das Internet. Präsentieren Sie Ihre Ergebnisse vor der Klasse.

1. Wodurch entwickelte sich die Bauweise des Klassizismus?
(ca. 1800 – 1850)

Gegenbewegung zum Barock; Rückwendung zur Antike.
Im Gegensatz zu den barocken Übersteigerungen, sind die Bauwerke eher schlicht. Die Ideen der Aufklärung beeinflussten diesen Stilwandel.

2. Welchen Gesamteindruck vermitteln Bauwerke des Klassizismus?

Ruhige und strenge Formen der römischen und griechischen Antike waren Vorbild. Bauwerke wirken klassisch streng, klar und nüchtern.

3. a) Benennen Sie die für den Klassizismus kennzeichnenden Stilelemente in nachfolgendem Foto am Beispiel der Neuen Wache in Berlin.

Giebel (Tympanon)

Gebälk

Stufen

Fries

Kapitell

Säulen

b) Bedeutende Bauwerke des Klassizismus sind:
Schloss Rosenstein in Stuttgart, Nikolaikirche in Potsdam, Neue Wache in Berlin, Altes Museum und Brandenburger Tor in Berlin, Glyptothek in München

c) Welcher Baustil löste ab etwa 1850 den Klassizismus ab?

Der Klassizismus wurde durch den Historismus abgelöst, der sich auf eine wahllose Nachahmung verschiedener Baustile (Romanik, Gotik, Renaissance, Barock) erstreckte.

Name:	Klasse:	Datum:

17 Instandsetzen und Sanieren eines Bauteils

Baukunst im 20. Jahrhundert (Moderne)

Informieren Sie sich im Lehrbuch, Abschnitt 17.1.7, und nutzen Sie ein Lexikon oder das Internet. Präsentieren Sie Ihre Ergebnisse vor der Klasse.

1. Weshalb löste man sich in der Baukunst im 20. Jahrhundert (Moderne) mehr und mehr vom traditionsgebundenen Bauen?

   Man suchte nach neuen, eigenständigen Wegen.
   Neue Baustoffe wie Zement, Beton, Stahl- und Spannbeton ermöglichten neue Konstruktionen und Bauformen (technische Revolution).

2. Welchen Gesamteindruck vermitteln die Bauwerke der Moderne?

   Die Funktion, der Zweck bestimmt die Form des Bauwerks;
   Betonung des Materials und Sichtbarmachung der Konstruktion.
   Im Äußeren überzeugen einfache, geometrische Baukörper mit Sachlichkeit und klarer Gliederung.

3. Ein Wegbereiter und berühmter Architekt der Moderne war Le Corbusier.
   In den 1920er Jahren formulierte er fünf Punkte zu einer neuen Architektur:

   ① die Stützen (Skelettbauweise: tragende Stützen und nicht tragende Wände als Raum abschließende Elemente)

   ② das Flachdach mit Dachgarten als nutzbare Fläche

   ③ die freie Grundrissgestaltung (durch tragende Stützen und nicht tragende Wände)

   ④ das Langfenster für gleichmäßige Belichtung

   ⑤ die freie Fassadeneinteilung

   Ordnen Sie die oben genannten Punkte als Zahlen auf dem Foto und im Grundriss dem Doppelhaus von Le Corbusier und Pierre Jeanneret in der Weißenhofsiedlung Stuttgart zu.

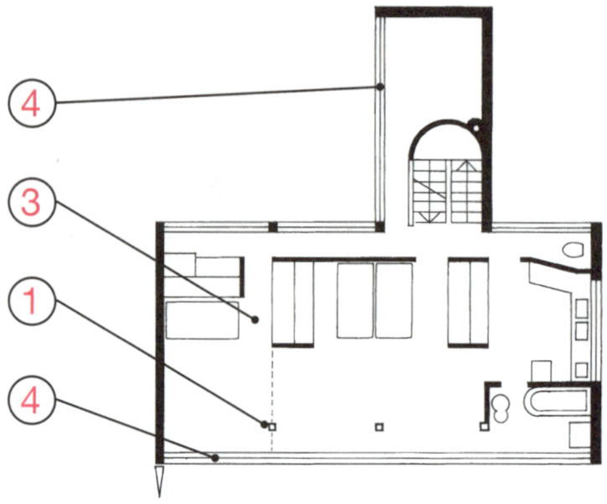

Name: ______ Klasse: ______ Datum: ______

17 Instandsetzen und Sanieren eines Bauteils

Informieren Sie sich im Lehrbuch, Abschnitte 17.2 … 17.2.2.

1. Welche Ursachen führen zur Mauerwerkszerstörung?

Schäden am Mauerwerk werden durch die kapillare Feuchtigkeitsbewegung im Mauerwerk verursacht. Die aufsteigende Feuchtigkeit transportiert schädigende Salze und Säuren.

⇒ Folge: Ausblühungen, Kalkablagerungen, Abplatzungen am Mauerwerk.

2. a) Zur Beurteilung der Mauerwerksschäden ist die Ermittlung der Mauerwerksfeuchte unerlässlich. Es werden zwei Untersuchungsmethoden grundsätzlich unterschieden.

Methoden zur Feuchtemessung

zerstörungsfreie Methode	zerstörende Methoden	
Widerstandsmessung	CM-Methode	Darrmethode
Erklärung (stichwortartig): Zwei Elektroden werden in den Baustoff eingebracht und der elektrische Widerstand wird gemessen.	Erklärung (stichwortartig): Eine feuchte Baustoffprobe wird mit Carbid in ein Druckgefäß eingebracht, Druck im Gefäß steigt (Acetylengas), Werte sind am Manometer ablesbar.	Erklärung (stichwortartig): Die luft- und dampfdicht verpackte Baustoffprobe wird gewogen, dann bei 105 °C getrocknet und erneut gewogen. Der Masseverlust ergibt den Feuchtegehalt.

b) Vergleichen Sie die obigen Methoden zur Schadensbeurteilung. Schlagen Sie eine Methode vor, die Sie anwenden würden, und begründen Sie. CM-Methode:

Die Methode lässt sich sehr rasch durchführen und ist bei Beachtung der Anwendungsvorschriften für Baustellenverhältnisse ausreichend.

Name:	Klasse:	Datum:

17 Instandsetzen und Sanieren eines Bauteils

Informieren Sie sich im Lehrbuch, Abschnitt 17.2.3.

1. a) Welche Aufgabe haben alle Mauerwerkssanierungsmethoden?

Alle Methoden haben die Aufgabe, die kapillare Saugfähigkeit des Mauerwerks zu unterbrechen bzw. die Kapillaren zu schließen.

b) Welche Maßnahmen sind zur Trocknung und Entfeuchtung des Mauerwerks notwendig?

Die entscheidende Maßnahme ist die nachträgliche Horizontalabdichtung, unumgänglich die zusätzliche Vertikalabdichtung und die Durchführung von Maßnahmen zur Mauerwerkstrockenlegung.

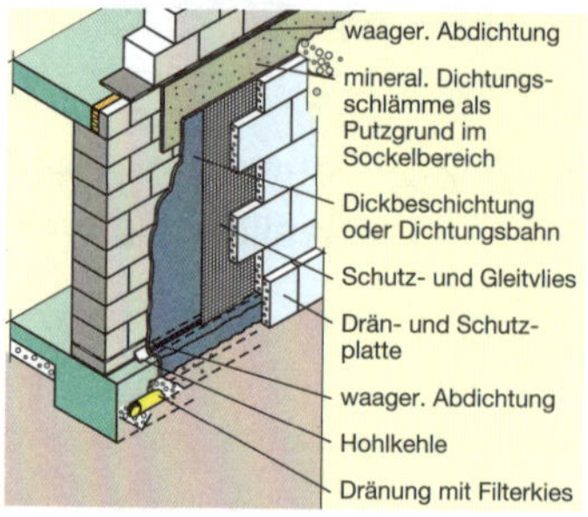

2. Eine entscheidende Maßnahme zur Entfeuchtung des Mauerwerks ist der nachträgliche Einbau einer Horizontalabdichtung. Im Folgenden werden beide mechanische Verfahren unterschieden, kreuzen Sie jeweils die richtigen Aussagen an.

Edelstahlblech-verfahren:

- ☒ Eignet sich für die Trockenlegung von Mauerwerk mit durchgehender Lagerfuge.
- ☒ Geriffelte Edelstahlbleche werden mit einer Luftdruckramme in eine Lagerfuge des Mauerwerks getrieben.
- ☒ Der Vorteil dieses Verfahrens ist es, dass der Kraftfluss der Mauer nicht unterbrochen wird.
- ☐ Ist auch bei schlecht zugänglichem Mauerwerk anwendbar.
- ☐ Statt geriffelten Edelstahlblechen können alle Bleche, unabhängig von ihrer Materialart und Oberflächenbeschaffenheit eingesetzt werden.

Mauersäge-verfahren:

- ☒ Das Mauerwerk wird mit einer nassschneidenden Kreissäge mit diamantbesetztem Sägeblatt durchtrennt.
- ☒ Wegen der Standsicherheit des Mauerwerks darf nur abschnittsweise gearbeitet werden.
- ☐ Die aufgeschnittene Fuge muss nicht mit Keilen gestützt werden, hält auch kurzzeitig problemlos dem Druck stand.
- ☐ Als horizontale Trennschicht ist Bitumendachpappe geeignet.
- ☒ Als horizontale Trennschicht sind Kunststofffolien, bitumenkaschierte Blei- bzw. Alufolien oder korrosionsbeständiger Edelstahl geeignet.

Name: ______ Klasse: ______ Datum: ______

Horizontalabdichtung, chemische Verfahren	**17 Instandsetzen und Sanieren eines Bauteils**

Informieren Sie sich im Lehrbuch, Abschnitt 17.2.3.

1. Mit welchem Ziel werden die chemischen Verfahren (Injektionsverfahren) bei der Mauerwerkssanierung eingesetzt?

Diese Verfahren haben zum Ziel, entweder die Durchmesser der Kapillaren zu vermindern oder die Oberflächenspannung in den Kapillaren so zu erhöhen, dass ein Wasser abweisender Effekt erzielt wird.

2. Ordnen Sie die Arbeitsschritte und erklären Sie dabei die Arbeitsabfolge beim dargestellten Injektionsverfahren zur Mauerwerkssanierung.

③ Verfüllen der Bohrlöcher durch flüssige Dichtungsmittel, z. B. Harzlösung auf Basis von Spezialparaffinen, Epoxid-, Polyurethan- oder Polyesterharzen

① Durchfeuchtetes Mauerwerk: Aufsteigende Feuchtigkeit und Salze zerstören das Mauerwerk.

② Austrocknen des Mauerwerks: Ausheben des Arbeitsraums (außen) und Bohren von Löchern (Abstand 10 … 20 cm); Einbringen der Heizstäbe zur Trocknung.

3. Vervollständigen Sie zur Wiederholung den Lückentext.

Um Mauerwerk trockenzulegen, werden nachträglich horizontale Abdichtungen eingebaut. Zur Herstellung der Fugen dienen das Edelstahlblech- und das Mauersäge -verfahren.

Beim chemischen Verfahren werden in Bohrlöcher Harze oder flüssiges Spezialparaffin eingebracht, die die Kapillaren dann verschließen.

Name:	Klasse:	Datum:

17 Instandsetzen und Sanieren eines Bauteils

Mauerwerkssanierung, Vertikalabdichtung

Informieren Sie sich im Lehrbuch, Abschnitt 17.2.3.

1. a) Weshalb ist eine Vertikalabdichtung für den dauerhaften Erfolg einer Mauerwerkssanierung unverzichtbar?

Gegen das Grund- und Sickerwasser sowie Bodenfeuchte muss der im Erdboden befindliche Teil des Bauwerks abgedichtet werden.

b) Nennen Sie die beiden Möglichkeiten einer nachträglichen Vertikalabdichtung und erklären Sie, wann welche Möglichkeit ausgeführt werden kann.

– Außenabdichtung: Gesamter Kellerbereich lässt sich von außen freilegen, Abdichtung mit Bitumendickbeschichtung, Einbau einer Dränung.

– Innenabdichtung: Mauerwerk lässt sich von außen **nicht** freilegen, Einbau eines Feuchtwandsystems zum Trockenhalten der Kellerräume.

2. In nebenstehender, schematischer Skizze ist eine nachträgliche vertikale Außenabdichtung mit Dränung dargestellt. Benennen Sie deren Bestandteile.

- Ausgleichsputz
- Vertikalabdichtung
- Schutzschicht
- Dränschicht
- Hohlkehle
- Dränrohr
- horizontale Injektionsabdichtung

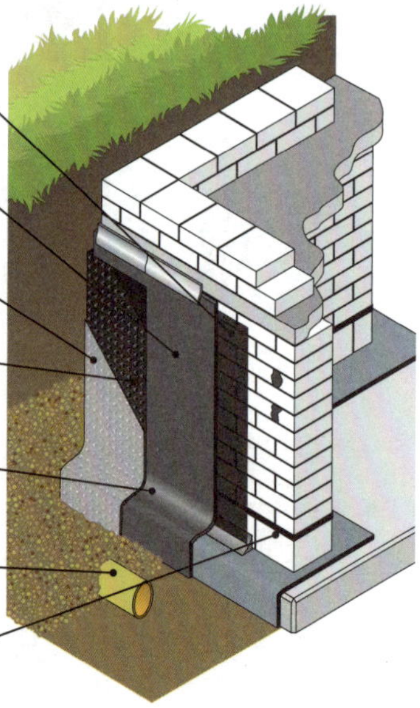

3. Erklären Sie stichwortartig die Funktionsweise und den Aufbau eines Sanierputzes.

Funktionsweise: Die im Porenwasser gelösten Salze kristallisieren in Richtung Luftseite des Mauerwerks oder Putzes aus und werden in den Luftporen des Sanierputzes aufgenommen ohne Schaden anzurichten.

Aufbau: (von außen nach innen): ausgetrocknetes Mauerwerk; netzartiger Spritzbewurf auf 2 cm tief ausgekratztem Fugenmörtel; 2 cm dicker Sanierputz (Luftporengehalt > 25 %); mineralischer Oberputz (offenporig).

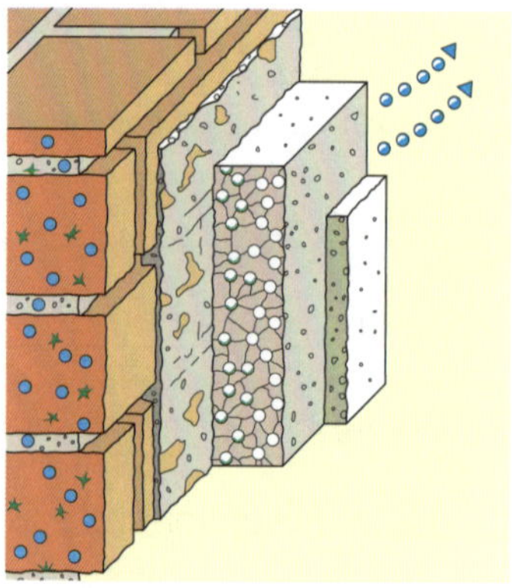

Name: Klasse: Datum:

17 Instandsetzen und Sanieren eines Bauteils

Informieren Sie sich im Lehrbuch, Abschnitte 17.3 ... 17.3.2.

1. a) Erklären Sie den Begriff „Betonkorrosion".

Darunter versteht man die Zerstörung von Beton und Bewehrungsstahl durch meist flüssige Korrosionsmittel, z. B. wässrige Lösungen oder in Feuchtigkeit gelöste Gase.

b) Welche Ursachen führen zur Betonkorrosion?

- Angriff von Frost und Tausalzen
- chemische Angriffe
- sulfathaltige Wässer
- Carbonatisierung des Betons

2. Erklären Sie stichwortartig den Begriff „Carbonatisierung" und vervollständigen Sie dabei das nebenstehende Schaubild.

Durch Einwirkung von Kohlenstoffdioxid und Luftfeuchtigkeit wird im Beton Calciumhydroxid in Calciumcarbonat umgewandelt, das basische Milieu des Zementsteins abgebaut, Beton verliert schützende Wirkung.

Calciumhydroxid $Ca(OH)_2$ + CO_2 (aus Luft) + H_2O (Regen) ⇒ Calciumcarbonat $CaCO_3$ + 2 H_2O

pH-Werte: 12 ... 9,5 ⇒ abnehmend ⇒ < 9,5

stark basisch — schwach basisch

3. a) Ordnen Sie zunächst die Skizzen in der richtigen Reihenfolge und benennen Sie die einzelnen Schritte bei der fortschreitenden Bewehrungskorrosion.

b) Ordnen Sie nun die Fotos den Skizzen zu.

③ 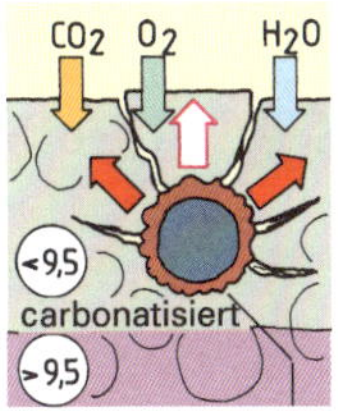

Risse, Abplatzungen

① 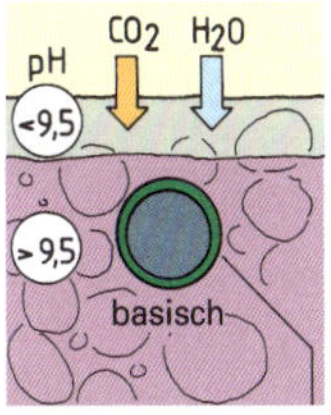

noch keine Schäden

② 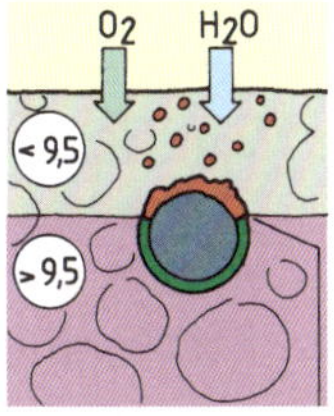

Rost zeichnet sich ab

② 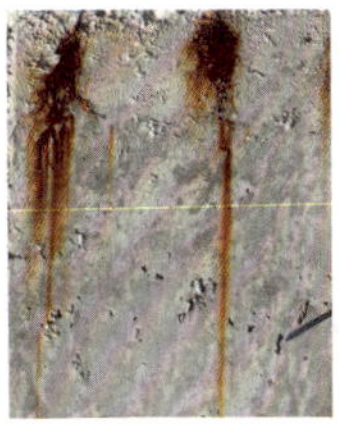

③ 

① 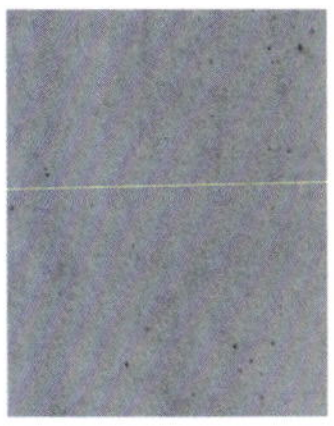

Name: ______ Klasse: ______ Datum: ______

17 Instandsetzen und Sanieren eines Bauteils

Carbonatisierung, Schadensaufnahme

Informieren Sie sich im Lehrbuch, Abschnitte 17.3.2 … 17.3.4.

1. Vervollständigen Sie zur Wiederholung den Lückentext zum Thema Betonkorrosion.

   Durch Einwirkung von Kohlenstoffdioxid und Luftfeuchtigkeit wird im Beton Calciumhydroxid in Calciumcarbonat umgewandelt. Das basische Milieu des Zementsteins wird abgebaut. Dadurch verliert der Beton seine korrosionsschützende Wirkung.

2. a) Erklären Sie das nebenstehende Diagramm und leiten Sie daraus einen Merksatz ab:

   Je geringer die Betonfestigkeitsklasse und

   je länger die Carbonatisierungszeit,

   desto größer die Carbonatisierungstiefe in mm

   ____________________________.

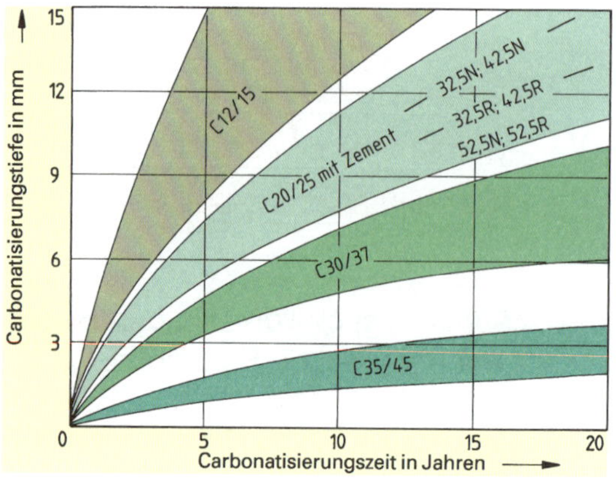

   b) Nennen Sie Möglichkeiten für einen vorbeugenden Betonschutz.

   Erhöhte Dichtigkeit des Zementsteins (Herabsetzen *w/z*-Wert, Erhöhung Zementgehalt und -festigkeitsklasse); fachgerechte Betonverarbeitung; ausreichende Betondeckung, Mindestmaß nicht unterschreiten!

   Merke: Sorgfältig hergestellter, verarbeiteter und nachbehandelter Beton schützt bei genügender Betondeckung die Bewehrung vor Korrosion.

3. Vor der Betoninstandsetzung ist eine Schadensaufnahme der vorhandenen Betonschäden durchzuführen. Zur Beurteilung des Ist-Zustandes gibt es die rechts dargestellten Prüfmethoden. Nennen und erklären Sie diese stichwortartig.

– **Feststellung der Carbonatisierungstiefe**:

Phenolphthalein wird auf den Bohrkern aufgesprüht, Rotfärbung macht nicht carbonatisierten Beton sichtbar

– **Ermittlung der Betonüberdeckung**:

Die Lage der Bewehrung kann mit Magneten oder mit Bewehrungssuchgeräten ermittelt werden.

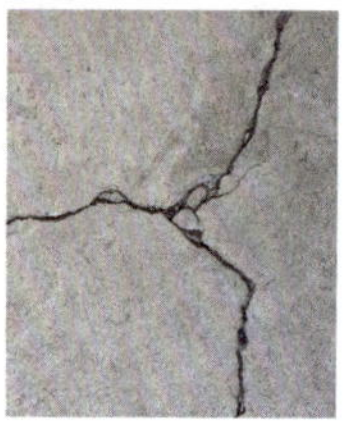

– **Rissuntersuchungen**.

Durch Benetzung der Betonoberfläche zeichnen sich die Risse dunkel ab.

Name:	Klasse:	Datum:

Betoninstandsetzung	**17 Instandsetzen und Sanieren eines Bauteils**

Informieren Sie sich im Lehrbuch, Abschnitt 17.3.4.

Die vorliegenden Betonschäden sind der Schadensstufe III zuzuordnen, daher ist eine Betoninstandsetzung zwingend erforderlich.
Ordnen Sie die nachfolgenden Arbeitsschritte in der richtigen Reihenfolge und beschreiben Sie die einzelnen Arbeitsgänge stichwortartig.

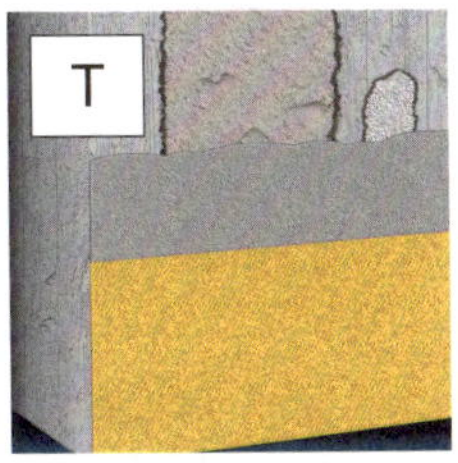

(6) **Betonschutzbeschichtung aufbringen**:

Deckanstrich auf Siloxan-Acrylharzbasis soll CO_2-Undurchlässigkeit herstellen und gegenüber Witterung beständig sein.

(2) **Korrosionsschutzbeschichtung aufbringen**:

Bewehrungsstähle werden zweilagig mit Epoxidharzen oder kunststoff-vergüteter Zementschlämme beschichtet.

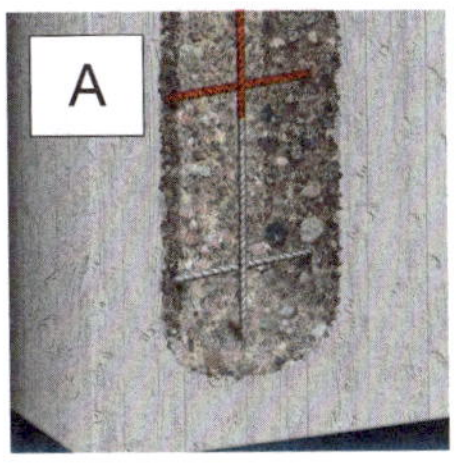

(1) **Freilegen und Sandstrahlen der Bewehrung**:

Lockere Betonteile werden mit Elektrohämmern entfernt, Freilegen der Gesteinskörnung und Bewehrung, Entrostung der Bewehrung durch Sandstrahlen.

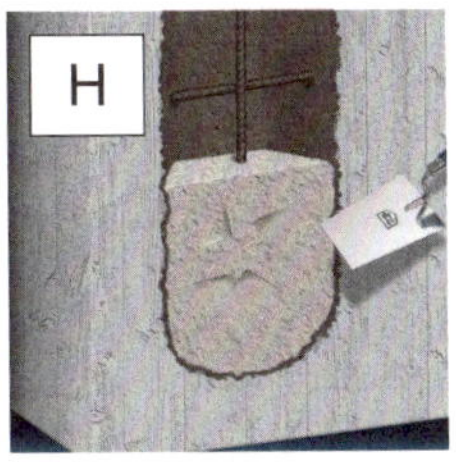

(4) **Betonausbrüche mit Reparaturmörtel schließen**:

Ausbruchsstellen werden mit kunststoffvergütetem Zementmörtel geschlossen.

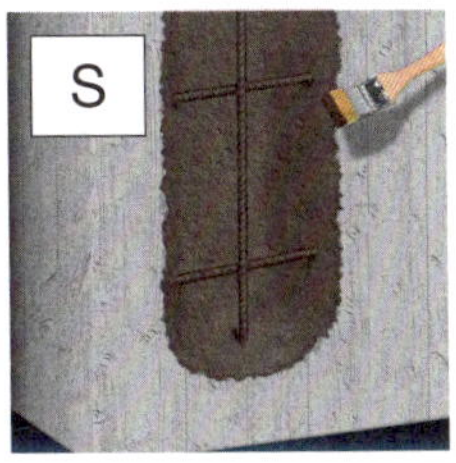

(3) **Aufbringen einer Haftbrücke**:

Auf vorgenässtem Beton Haftbrücke aufbringen, um den Verbund zwischen Betonuntergrund und Reparaturmörtel zu verbessern.

(5) **Aufbringen eines Dünnputzes**:

Strukturunterschiede werden ausgeglichen, einheitliches Aussehen der instandgesetzten Betonoberfläche.

Vervollständigen Sie den gesuchten Lösungssatz:

„Es sind sechs A R B E I T S S C H R I T T E zur Betoninstandsetzung nötig."

Name:	Klasse:	Datum:

17 Instandsetzen und Sanieren eines Bauteils

Entwicklung des Bauwesens

Informieren Sie sich im Lehrbuch, Abschnitte 17.1 … 17.1.7, oder besser:
Benutzen Sie ihren Kopf.

Testen Sie sich! Tragen Sie zunächst die jeweilige Baustilepoche (Reihenfolge beachten!) und den zugehörigen Zeitraum auf dem unten dargestellten „Zeitstrahl" ein.
Ordnen Sie anschließend die nachfolgend abgebildeten Bauwerke der jeweiligen Baustilepoche zu.

	①	②	③
Baustilepoche:	Romanik	Gotik	Renaissance
Zeitraum (etwa):	(800–1250)	(1250 – 1530)	(1530 – 1600)

	④	⑤	⑥
Baustilepoche:	Barock	Klassizismus	Baukunst im 20. Jahrhundert
Zeitraum (etwa):	(1600 – 1800)	(1800 – 1850)	(1920 – 2000)

Name: ______ Klasse: ______ Datum: ______

Baustoffrecycling

17 Instandsetzen und Sanieren eines Bauteils

Informieren Sie sich im Lehrbuch, Abschnitt 17.6 und nutzen Sie das Internet.

1. Erklären Sie den Begriff „Baustoffrecycling“.

Wieder verwertbare Baustoffe werden in Rückgewinnungsanlagen (Recyclinganlagen, Recycling = Wiederaufbereitung) zu neuen Baustoffen aufbereitet.
Konstruktionen und Baustoffe müssen so gewählt werden, dass bei einem Abriss eine vollständige Materialtrennung und anschließende Wiederverwertung = Recycling möglich ist.

2. Der Kühlturm eines Kohlekraftwerks, der nicht mehr benötigt wird, soll durch eine kontrollierte Sprengung abgebrochen werden. Nennen Sie vier Vorüberlegungen dazu.

- Behördliche Genehmigung des Abbruchs muss vorliegen.
- Besondere Beachtung des Unfallschutzes
- Lärm bei Sprengung sowie Staubentwicklung müssen in zumutbarem Rahmen bleiben
- Die Sprengung ist bei Gewerbeaufsichtsbehörde rechtzeitig fristgerecht anzuzeigen

3. Bei unserem Jugendhaus kommen folgende Abbruchprodukte vor. Wie ist zu verfahren?

Baustoff: Bezeichnung?	Rezyklierbar?	Wie ist weiter zu verfahren?
 Mauerwerksziegel	☒ Ja ☐ Nein	Ziegelsplitt kann als Leichtbetonzuschlag oder als Tennisplatzbelag verwendet werden.
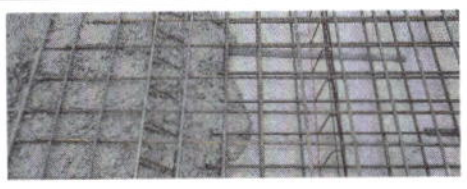 Stahlbeton	☒ Ja ☐ Nein	Beton kann als Splitt für den Straßenbau und als Betonzuschlag, Betonstahl kann als Schrottzugabe bei der Herstellung von neuen Betonstählen verwendet werden.
 Mineralfaserdämmstoff	☐ Ja ☒ Nein	Dieser ist als Sondermüll zu bezeichnen und fachgerecht zu entsorgen.
 Glas	☒ Ja ☐ Nein	Altglas kann sehr oft wieder eingeschmolzen und zur Herstellung neuer Glasprodukte genutzt werden. Eine erneute stoffliche Nutzung ist umweltverträglich und kann viel Energie (etwa 10 %) und Rohstoffe einsparen, wenn Glasprodukte wie Flaschen und Fenstergläser dem korrekten Entsorgungsweg zugeführt werden.

Name: ______ Klasse: ______ Datum: ______

Bildquellenverzeichnis

Verfasser und Verlag danken den genannten Firmen und Privatpersonen für die Überlassung von Vorlagen und Abdruckgenehmigungen zu folgenden Abbildungen:

Adolf Würth GmbH & Co. KG, Künzelsau: S. 73.4

akg images GmbH, akg/Bildarchiv Monheim, Berlin: S. 61.1; 72.7

Alean, Juerg, Eglisau: S. 47.5, 6

Bauer Do-it-yourself GmbH, selbst ist der Mann, Köln: S. 29.2

Bauwerke – Innenausbau GmbH, Neuenhagen: S. 23.15

© Bayerische Schlösserverwaltung, Ulrich Pfeuffer, München: S. 62.4

Bayosan Wachter GmbH & Co. KG, Hindelang: S. 66.1

Bräunlich, Matthias, Hamburg www.kristallin.de: Seite 48.4

Brillux GmbH & Co. KG, Münster: S. 36.3; 71.1–6

Bundesverband Leichtbeton e. V., Neuwied: S. 1.4

Burg Katzenstein, Dischingen-Burg Katzenstein: S. 59.1

Bürkle GmbH, Fellbach: S. 42.1; 42.2

Catnic GmbH, Sinsheim: S. 19.1, 2

Christian Fiala / Krupp Verlag Sinzig: S. 73.2

Deutsche Poroton GmbH, Berlin: S. 17.1, 2

DEUTSCHE ROCKWOOL GmbH & Co. KG, Gladbeck: S. 73.5

dpa Picture-Alliance GmbH, Frankfurt/Main: S. 23.4 dpa Report; 72.9 Bildarchiv Monheim/Rodenheim

Dyckerhoff AG, Wiesbaden: S. 69.8

ecoplus/HAIDEN-BAUMANN, St. Pölten: S. 65.4

Ernst Ziegelwerk GmbH & Co KG, Eitensheim: S. 73.3

Fermacell GmbH, Duisburg: S. 23.13

Freunde der Weissenhofsiedlung e. V., Stuttgart: S. 64.4

Frey & Sohn Kaminwerk GmbH, Weinstadt: S. 55.1, 2; 56.1, 3

Friedrich Kohler GmbH, Offenbach am Main: S. 70.2

GANN Mess- u. Regeltechnik GmbH, Gerlingen: S. 65.3

Geberit Vertriebs GmbH, Pfullendorf: S. 23.11

Gebrüder Nickel GmbH, Gundelsheim: S. 66.4

Glöckel Natursteinwerk GmbH, Langenaltheim: S. 48.2

Hamberger Flooring GmbH & Co.KG, Rosenheim: S. 29.1

HeidelbergCement AG/Steffen Fuchs, Heidelberg: S. 14.1–3; 15.1–6

HEMMER Prüfgeräte Vertrieb, Gratwein: S. 70.3

Historische Baustoffe und Natursteinhandels GmbH, Schleusingen: S. 47.1, 8

Hornauer Bautenschutz, Oederan: S. 66.3

iStockphoto, Berlin: S. 23.3 Ilda masa; 23.5 Dejan Stanisavljevic; 23.7 Alex Kalmbach; 69.6 Deyan Georgiev; 70.4 ryasick

Kalksandstein-Bauberatung Bayern GmbH, Röthenbach a. d. Pegnitz (Peter Schmid): S. 1.1; 32.2

Knauf Gips KG, Iphofen: S. 22.2; 23.1, 14; 32.6

Märker Zement GmbH, Harburg: S. 47.2, 9

mauritius images GmbH, Mittenwald: S. 69.2

MEVA Schalungs-Systeme GmbH, Haiterbach: S. 12.2

NOE-Schaltechnik, Süssen: S. 3.2

PCE Deutschland GmbH, www.warensortiment.de, Meschede: S. 23.2

PCI Augsburg GmbH, Augsburg: S. 68.1

PERI GmbH, Weißenhorn: S. 12.1; 16.3

Phoenix-Metall GmbH/JOCO Wärme in Form, Willstätt: S. 30.1

Photocase Addicts GmbH, www.photocase.com, Berlin: S. 65.1 Andreas Siegel

pixelio media GmbH, München: S. 23.10 Claudia Hautumn; 32.7 Rainer Sturm

quick-mix Gruppe GmbH & Co.KG, Osnabrück: S. 21.1–4; 22.1

RECTICEL Dämmsysteme GmbH, Wiesbaden: S. 29.3

Remmers Baustofftechnik GmbH, Löningen: S. 67.1–3, 5, 7

SAINT-GOBAIN ISOVER G+H AG, Ladenburg: S. 35.1

Saint Gobain Rigips GmbH, Düsseldorf: S. 23.12; 25.1–7

Shutterstock Images LLC, New York, USA: S. 65.2 bio battery

Sopro Bauchemie GmbH, Wiesbaden: S. 68.2

Sto AG, Villach: S. 19.3

stock.adobe.com: S. 23.8 FG; 47.4, 10 kevma20; 47.3, 7 flas100; 48.3 Dutourdumonde; 48.5 Paulista; 51.2 kobra78; 59.3 eyetronic; 61.2 Otto Durst; 62.1 don57; 62.2 joty; 63.1 andersphoto; 63.2 Sergii Figurnyi; 63.3 Thomas Röske; 63.4 Anibal Trejo; 64.1 Michael Neuhauß ; 64.2 ArTo; 72.1 eyetronic; 72.10 shorty25; 72.11 Vladislav Gajic; 72.12 andersphoto; 72.13 Martin Schlecht; 72.2 Otto Durst; 72.3 Sergii Figurnyi; 72.5 don57; 72.6 Antje Köhler; 72.8 laurenthuet; 73.1 helmutvogler; 73.6 sichkarenko_com

TECU® Patina, KME Germany GmbH & Co. KG., Osnabrück: S. 32.3

Teppich Lehmann GmbH, Hamburg: S. 32.5

www.wikipedia.com: S. 51.1 ©böhringer friedrich; 64.3 ©Mr Hyde; 64.5 ©Andreas Praefcke

Wilhelm Layher GmbH & Co.KG, Güglingen: S. 3.3

www.123rf.com: S. 31.1 Serghei Starus

Xella Deutschland GmbH, Duisburg: S. 1.3

ZZ Wancor/Wienerberger, Hannover: S. 36.1, 2